毛驢的貓 著

作者序

十分榮幸可以收到邀請，有機會出版一本關於廣州旅遊攻略的書籍！

因為此前完全沒有寫書的經驗，自認文筆也不是十分出眾，所以對我來說是一個重大的考驗。但接下這個工作後，很快就樂在其中，因為我十分喜愛廣州，也在這裏生活了很多年，這邊的大街小巷、各路美食、人間煙火我都很熱衷去嘗試和體驗。廣州，實在是一個宜居的城市。

當然少不了要感謝跟我一起探店、拍攝的朋友，對這本書的幫助非常大。也希望看了這本書的朋友，可以到廣州遊玩，親自感受這邊的經典美食、千年商都的繁盛、文藝與市井生活的交織。

預祝大家在廣州玩得開心，吃得滋味！

毛驢的貓

目錄

最新廣州旅遊須知

支付方式

現金支付

內地大部分商戶近年雖已較少使用現金，但法例規定商戶不能拒收現金。對於比較少用網路支付 App 的旅客，仍可攜帶足夠現金、零錢用於日常消費。

其他支付方式

內地最常用的網路支付為**微信支付**及**支付寶**，且均需要通過身份認證才能使用，亦可攜帶「回鄉卡」前往內地銀行開戶，內地銀行卡可綁定內地微信、支付寶，消費會更方便。不過部分銀行的開戶手續較為嚴格，建議多諮詢幾間銀行，查詢是否對開戶有限制。

同時部分商戶也支援使用銀行卡：銀聯、VISA（可能需要手續費）等等。

因為消費場景眾多，暫未有任何一款支付方式能適用於所有消費場景，所以建議多申請幾個支付方式，方便使用。其中 AlipayHK、WeChat Pay HK 可以在大部分連鎖商戶使用，相對較為方便。

註：兩地的支付方式不斷更新，北上前可再留意是否有其他更便捷的支付方法。

交通出行

- 在內地搭乘地鐵、巴士，甚至部分城市的水上交通工具（如廣州、上海、南京、杭州等）均可使用**乘車碼**。在微信、支付寶的小程式中搜索「乘車碼」，作簡單登記後即可使用。

- 廣州版的「八達通」就是「**羊城通**」，是一款實體卡片，但只能用於搭乘公共交通工具，以及部分便利店拍卡消費。可在地鐵站內購買或增值。

如果使用 iphone，可打開「錢包」功能，綁定銀行卡後就可申請「**嶺南通**」，這款交通聯合卡支持全國 336 個地級以上城市（截至 2024 年 10 月），可用於搭乘公車、軌道交通、輪渡等。用「錢包」內的銀行卡，可隨時為交通聯合卡增值。

而「羊城通」的優惠政策是普通乘客在一個月內，乘坐廣州地鐵及巴士累計實際支出滿 ¥80、未滿 ¥200 就可享 8 折優惠；超過 ¥200 則享 5 折優惠。而小程式上的「羊城通乘車碼」同樣可使用該優惠。

- 如銀聯卡帶有「雲閃付」字樣，亦可刷卡搭乘公共交通工具。
- 地鐵內還售賣軌道交通專用的日票（¥20）、三日票（¥50），由第一次入站起計時，均可在限期內無限次搭乘軌道交通，包含地鐵、APM、有軌電車。
- 自駕遊方面，注意廣州在工作日的 07:00~09:00、17:00~19:00 均採取外地車輛限行措施。

移動網路 / 電話卡

- 如需購買內地電話卡，攜帶「回鄉卡」到內地各大電訊運營商的營業廳，申請號碼即可辦理。如只需要內地號碼，建議開號後辦理價格最低的套餐，每月約 ¥8。
- 在內地商場或大部分餐廳，都會有 Wi-Fi 網絡提供，但部分只支援內地號碼登陸。建議在香港先申請好內地漫遊數據再北上遊玩。

內地熱門 App

在內地遊玩、訂酒店、消費，不少商家會在線上設優惠商品以吸引顧客，另外公共交通工具購票、召車出行，也有相應的 App。

高鐵：中國鐵路 12306

飛機、酒店：飛豬旅行、攜程旅行、同程旅行（建議對比價格）

商戶美食：大眾點評

外賣平台：餓了麼、美團外賣

地圖導航：高德地圖、百度地圖、騰訊地圖

高德地圖

百度地圖

騰訊地圖

召車出行：高德地圖、滴滴出行、小馬智行（無人駕駛網約車）

滴滴出行

小馬智行

廣州分區地圖

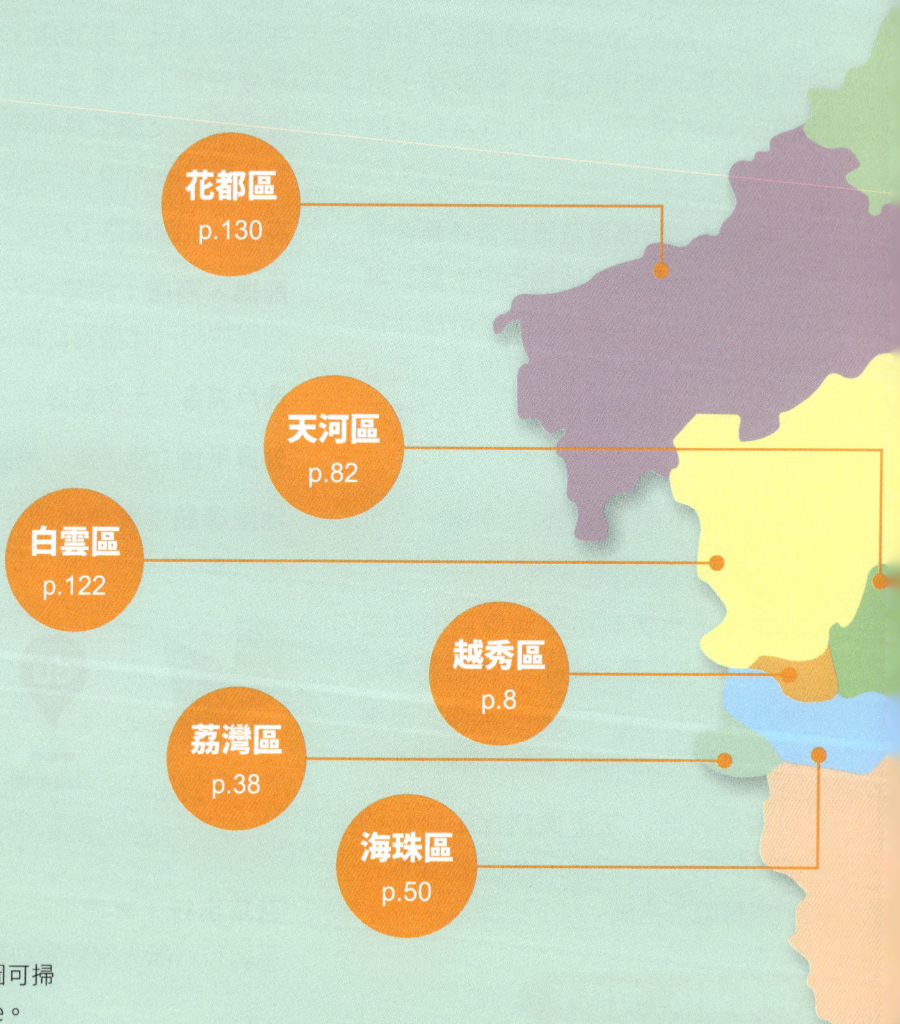

花都區
p.130

天河區
p.82

白雲區
p.122

越秀區
p.8

荔灣區
p.38

海珠區
p.50

廣州地鐵路線圖可掃描下方 QR Code。

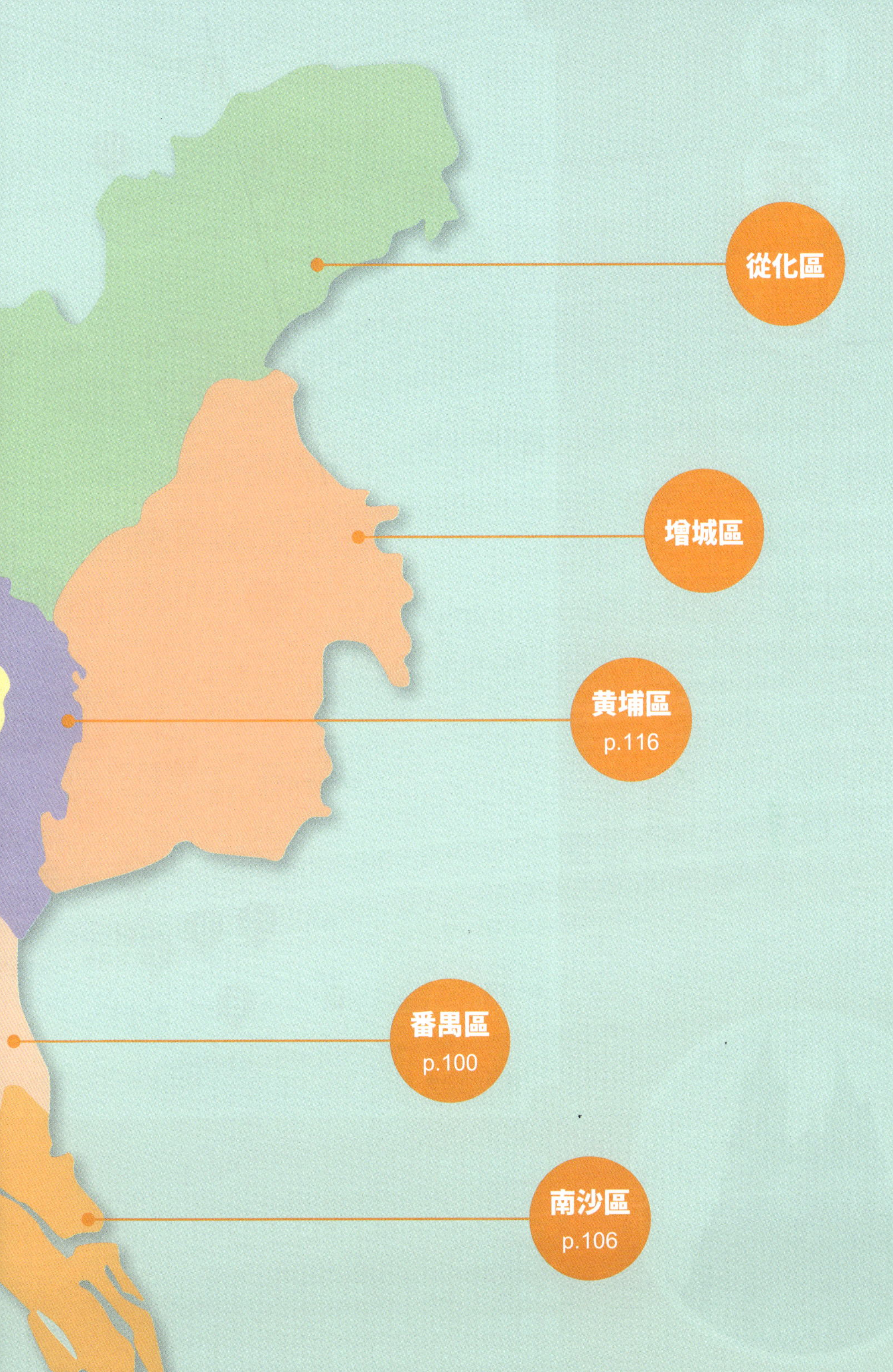
從化區
增城區
黃埔區
p.116
番禺區
p.100
南沙區
p.106

越秀區

俗語「東山少爺，西關小姐」中的東山就是位於越秀區，雖然是廣州市內最小的行政區，但這裏的人文風情、歷史底蘊非常濃厚。

大型考古遺址南越王墓、國內現存最宏偉的雙尖塔歌德式建築之一聖心大教堂、救助並保護動物的廣州動物園、明代後期建成沿用至今的天字碼頭，全部都很值得遊玩參觀一番。

這區還有各種老廣地道美食、老字號等，如果第一次來廣州，想感受市井煙火氣，十分推薦來越秀區！

越秀區交通

地鐵：1 號、2 號、5 號、6 號及 11 號線基本上涵蓋區內熱門景點。

高鐵：至廣州南站，轉乘地鐵 2 號線至越秀區。

直通巴士：部分廣港直通巴士可在中國大酒店（近越秀公園地鐵站），華僑大廈（近海珠廣場地鐵站）或花園酒店（近淘金地鐵站）下車。

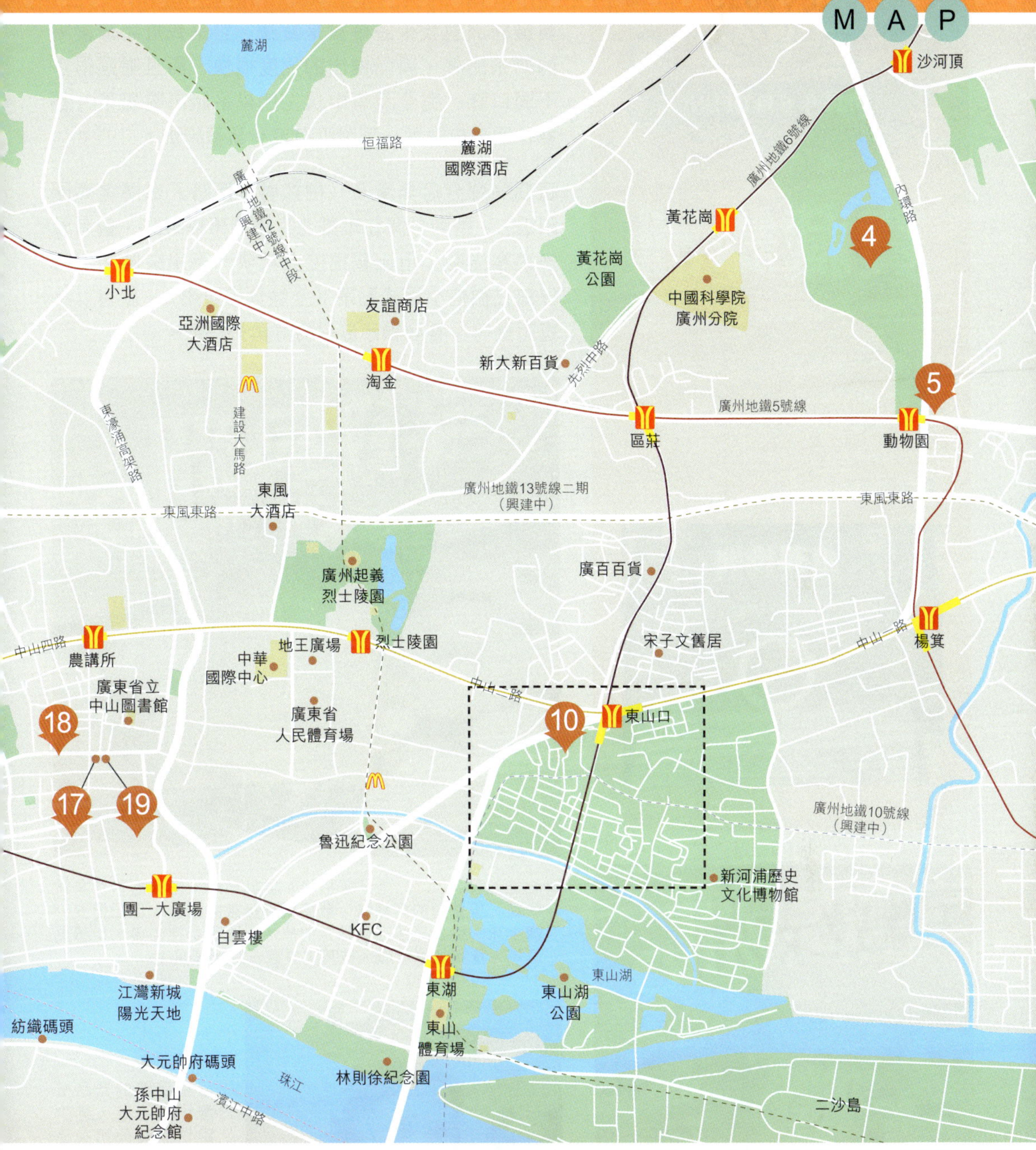

越秀區景點

1 寶藏綠洲
2 啫神
3 大眼仔士多
4 廣州動物園
5 大鴿飯（動物園店）
6 Mid Century Upstairs
7 星寰國際商業中心
8 銀燈食府
9 格魯吉亞美食館（萬菱廣場店）
10 東山口
11 馥果
12 大佛寺
13 Seoi6 Bakehouse 陸穗
14 malico
15 順得來
16 石室聖心大教堂
17 老西關瀨粉
18 達揚原味燉品
19 玫瑰甜品

寶藏綠洲

地 廣州市越秀區惠福東路 455 號
時 08:00~22:30
交 地鐵 6 號線**北京路站** B 出口步行 630 米
費 人均 ￥17

寶藏綠洲對我來說確實是寶藏，它是我近年最愛喝的奶茶品牌，新品推出的速度很快，而且喝過很多不同口味，完全沒有中伏，所以平時想喝奶茶，都會在網上先搜索一下附近有沒有寶藏綠洲。

這個品牌分店非常多（例如體育西路天環廣場商圈附近），這間是開在毗鄰北京路的惠福東路，會有較多遊客光顧，但出餐速度非常快，不用久候。建議提前在微信小程式點單（全線分店適用），就可以邊逛街邊等，看到顯示飲品做好再去提取。

▲ **一抹青雲（￥19）**是店家招牌。猛吸一口，底部的珍珠非常軟糯，帶香醇的黑糖味，緊接喝到抹茶的濃香，但記得要少糖少冰，這樣更能喝到抹茶的原味，跟牛奶拌勻後，口感更濃郁，抹茶味更明顯，抹茶愛好者一定要試試！

▲ **綠光森林（￥21）**是用牛油果和抹茶打成的奶昔。甜度非常低，保留食材本來的味道，牛油果味很濃郁，每次經過都會進店點一杯。

◀ 這個品牌的飲品搭配比較小眾，甚少跟坊間其他奶茶品牌重複，所以每次喝都有種新鮮感，莓莓生巧、青茉煙雲、沙漠綠洲、烏龍山抹、叢林水牛等都是我喝過覺得不錯的，大家可以試試啊！

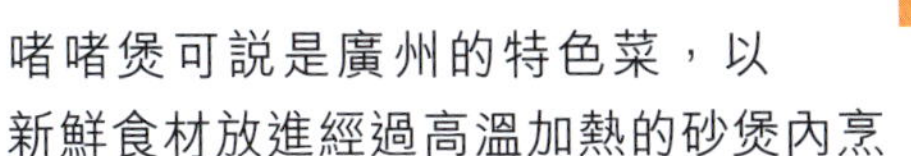

啫神

地 廣州市越秀區惠福東路 552 號
時 週一至五 11:00~15:00、17:00~22:00，週六日 11:00~15:00、16:30~22:00
交 地鐵 6 號線北京路站 B 出口步行 590 米
費 人均 ¥70

店家多年獲得米芝蓮必比登推介，質素有保證。

啫啫煲可說是廣州的特色菜，以新鮮食材放進經過高溫加熱的砂煲內烹調，因為砂鍋極熱，可以將食材表面的水分瞬間蒸發，同時發出「啫啫」的聲音，所以名為「啫啫煲」。這道經典菜式早在上世紀已經在廣州的大牌檔出現。

啫啫煲本身已經很有鑊氣，這煲**花雕酒沙薑啫豬脷**更是充滿花雕酒的香味，洋葱、蒜頭等配料也很多。豬脷完全沒有腥味，口感爽脆厚實，同時吸滿了花雕酒的香氣。基本上每枱客人都會點一份啫啫煲，所以整個餐廳都十分有煙火氣！

這間位於遊客區的「啫神」，每次經過都看到有人等位，網上評價人均不過百，算是比較實惠的粵菜。其中花雕酒沙薑啫豬脷、蝦醬啫通菜梗和各式煲仔飯較受歡迎。這次我選擇了團購 2 人套餐，約 ¥163 已經有 5 個菜式，性價比高！

煲仔飯配上嫩滑的牛肉和五分熟的流心蛋，加上香濃的甜豉油，食材簡單，但確實回味！吃的時候將所有食材拌勻，讓豉油、牛肉和蛋汁充分融合，配上粒粒分明的米飯，口感豐富。喜歡吃飯焦還可以將之整塊鏟起，有種吃加厚版薯片的感覺。

這家店是「常來」旗下品牌，所以菜式都很有「常來風味」，始創招牌豉油碌鵝、鮮白貝蒸水蛋、豬油渣生炒菜心苗等等，都是老廣們喜歡的經典酒樓菜式。

大眼仔士多

地 廣州市越秀區北京路天河城 B 區 4 樓 411-412 號

時 週一至五 11:30~14:00、17:30~22:00，週六日 11:30~16:00、17:30~22:00

交 地鐵 6 號線**北京路站** A2 出口步行 10m

費 人均 ¥106

這間大眼仔一開始並不叫做大眼仔，還記得第一次吃是在順德，當時還沒有分店也還沒有開到來廣州，但一旦吃過，就對他們的出品難以忘懷。雖然是西餐，但不是尋常的西餐，是跟簡餐、中餐都有結合的，所以得知廣州北京路迎來了分店，真的超級開心！

▲ **招牌太湖蟹腿肉蟹黃麵（¥68）**，料非常足，每一口都有蟹黃和蟹肉。絲絲蟹肉鮮味無比，蟹黃香濃，意粉軟硬適中，跟蟹黃十分相配，仔細品嚐，還有微微辣味，非常醒胃。就算菜品放涼了，也沒有蟹腥味。

▲ 如果有招商銀行 App，可以看看裏面「飯票」，不定期會有 50 抵 100、100 抵 200、150 抵 200 等的代金券。如果沒有招商銀行卡，也可在大眾點評 App 留意團購套餐，雙人餐 ¥198 就有交易。

➤ **夏日大眼果汁（¥30）**，每次來都會點一杯！超清爽，特別適合夏天喝！混合着多種水果的香甜，味道又甜又酸很過癮！

◀**爽彈到爆牛舌排（¥108）**，牛味超級無敵濃郁，而且還是很厚切！質感嫩滑多汁，又彈牙又厚實，搭配香噴噴的菇菌，一口一下回甘，簡直想獨享這份牛舌扒！！

▲**香烤雞肉串串（¥38）**，穿滿彩色椒的雞肉串蘸上酸甜的番茄醬，雞肉烤得外面焦香乾脆，裏面嫩滑，同時還帶點肉汁，表面有點黑椒更添惹味。

▲**大菠牛（¥108）**，牛肉 + 菠蘿的口感非常棒，酸甜不膩口，而且厚身的牛肉 7 成熟不老不柴，菠蘿多汁爽脆，超甜！一口菠蘿一口牛肉，真的太搭了！表面還有少量椒鹽，增加風味。

▲這家店在海珠區的工業大道也有分店，如果會到嶺南 v 谷橡膠廠創意園一帶，就可以試試啦！

廣州動物園

地 廣州市越秀區先烈中路 120 號（北門）環市路入口（南門）

時 08:00~18:00

交 地鐵 5 號線**動物園站** C 出口

費 成人門票 ¥20，園內海洋館門票 ¥160

這個動物園歷史非常悠久，建於 1958 年，現在被評為國家 4A 級旅遊景區。園內設有 5 個展區，除了有大家喜歡的獅子、老虎、國寶大熊貓，還匯集了來自全球各地，甚至是珍稀品種的動物，只需門票 ¥20 就可參觀。園區內部分動物是從馬戲團解救出來的，因為牠們失去了在野外求生的能力，所以就在這裏「養老」。

▲ 除了普通門票，及於 2024 年 6 開放的海洋館門票，園區裏面還有不同的遊玩體驗，例如餵養撈魚、沙畫、奧咖科普劇場等等，收費約 ¥30，在動物園門口售票處有售。

▲ 大熊貓館（時：09:30~17:30）是最熱鬧區域，節假日更是人山人海，建議早點入園。到目前為止，這裏展出過 17 隻大熊貓，現在「當值」的是星一（雄性）和雅一（雌性）。雅一是妹妹，頭上中間有不明顯的小縫，有種「中分」的錯覺；身體比較圓潤，喜歡盪秋千，十分可愛。

▲ 動物園位於廣州的市中心，從地鐵動物園站出站即達，就連地鐵站內都有動物牆繪營造氛圍。

◀ 星一是哥哥，頭頂又光又圓，兩隻耳朵距離較遠，大家都戲稱牠為「光頭仔」。

◀想預約熊貓講解，可以留意時間：逢週一、日 10:15~10:40、14:30~14:50。還需注意的是，早上熊貓多數在戶外活動，下午就會在室內，想拍到光線好的照片，建議早上來啦！

▼園區內有另一隻「網紅」，就是雄性白獅「阿杭」，前兩年因為牠的「齊劉海」造型，屢屢出現於不同社交平台，最近還推出周邊公仔，惹人喜愛！

▲附近還有小巧可愛的馬來熊，其中一隻熊寶寶「皮蛋」一歲了。

▼還有兩隻雌性白獅子「貝貝」和「雪貝」，雪貝是貝貝的女兒。

另一個很值得打卡的區域是「飛禽大觀」，因為有較罕見的綠孔雀（尤其是 3 月至 6 月），同時有很多散養的鳥類，不過要注意不可隨意投餵。

靠近北門有一群顏色鮮艷的火烈鳥，數量非常多，不時還會加入剛出生的成員，幸運的話還能看到牠們孵蛋。

在長頸鹿區可體驗餵飼長頸鹿，￥20 / 2 人，相比其他動物園真的非常抵玩，而且可以近距離觀賞牠的毛色、紋理，甚至可以一起合照，互動性滿分！

▲在兩棲動物區，展出了金錢龜、草龜等等，如果想觀賞海龜需要另購海洋館門票進場。

▲動物園門口設有物品寄存櫃，如果有行李，可先在這邊寄存。

▲除了長頸鹿，也可體驗餵飼羊駝（¥20 / 份），看牠那麼渴望的眼神，想不想給牠來一份象草？

▲還有可愛的水獺，牠們都很活潑，到訪時正好遇上飼養員餵食，牠們一直在岸上和水裏跑來跑去，看得心心眼了！

結論

這個動物園不但地理位置方便，門票也經濟實惠，可以一次過看到超多種奇珍異獸。園區面積不大不小，慢慢看看逛逛，大半天的時間可全部看完，如很喜歡動物，或是第一次到廣州的朋友，非常推薦來廣州動物園參觀。

大鴿飯（動物園店）

地 廣州市越秀區梅花村街道環市東路 501 號（華輝拉腸隔壁）
時 11:00~21:30
交 地鐵 5 號線**動物園站** C 出口步行 100 米
費 人均 ¥103

大鴿飯顧名思義是專門吃鴿子的粵菜連鎖店，在廣州享負盛名，有很多分店。大鴿飯還連續 5 年蟬聯米芝蓮推介餐廳，因此在飯市時間比較熱鬧，特別是週末或節假日。推薦在大眾點評網上購買團購更加抵吃。

▲ **黑松露大鴿飯（¥69）**，一上桌揭開鍋蓋的一刻，濃濃的黑松露立即撲鼻而來，加上不斷湧出來的飯香味，十分吸引！灑下蔥花，淋上豉油，拌勻飯粒，讓每顆米飯都吸滿醬汁。將鴿子肉伴着米飯一口吃掉，香味瞬間充滿口腔，鴿子的鮮味、黑松露的菇菌味讓人回味無窮。吃到鍋底還有飯焦，可以讓店員幫忙將飯焦鏟起，質感乾身脆口。一鍋分量很大（約能分 4~5 碗），但會忍不住多吃！

▲ 大鴿飯在各個商圈也能找到，如北京路、體育西路、長隆等等，是一家大小聚餐的好選擇。動物園店服務十分好，體驗感滿分！

◀**銅盤沙薑焗豬脷（¥53）**，沙薑為整道菜加分不少，有去除豬腥味之效，也不會太膩。豬脷Q嫩爽彈，配上大鴿飯一起吃，味道更加出眾！薑味配合爽滑的豬脷和粒粒分明的米飯，簡直是絕配！是碳水愛好者的恩物！

▼**傳統生炸紅燒乳鴿（¥49）**，來到大鴿飯一定一定要吃這個招牌！誇張説一句，如果沒吃生炸紅燒乳鴿就等於沒來過！首先，乳鴿的外皮超級無敵脆，一口咬下會發出「滋滋」的脆皮破裂聲！撕開外皮，可以看到鴿汁會順着鴿肉慢慢流下，皮肉都香脆入味，不會太鹹，調味不會搶去鴿子鮮味，完全不油膩，愈吃愈滋味。

▼再配上**油柑檸檬茶（¥22）**，將吃肉的膩感全部消除，酸酸甜甜有明顯果香味，特別適合配紅燒乳鴿吃。

▲廣東人吃飯怎能不配一碟青菜？套餐裏包含**河源腐竹撈起水東芥（¥39）**，清脆的水東芥吃起來非常清爽，吃完一桌葷菜後特別解膩，裏面的蒜蓉帶有些許辣味，十分美味！

Mid Century Upstairs

地 廣州市越秀區維新橫 7 號二樓
時 週一至五 11:00~20:00、週六日 11:00~21:00
交 地鐵 2 或 6 號線海珠廣場站 E 出口步行 150 米
費 人均 ￥52

朋友到訪過後非常推薦的一間咖啡店，距離北京路只有一個地鐵站，附近也有近年新開的星寰廣場，是歎杯咖啡、逛逛街的好選擇。

除了有咖啡、蛋糕，這裏還有微醺套餐，喜歡輕微酒精飲品的朋友可以試試「阿佩羅橙光」、「肉桂蛋奶酒」等等。

▲ **法式黃油蘋果酥（￥42）**是店內的招牌。店員提醒要把奶油塗在酥皮上一同吃掉。外層的酥皮剛進嘴巴就乾脆俐落地散開，繼而品嚐到內裏溫熱軟糯的蘋果餡，酸甜皆有的果香恰好中和了奶油的濃厚，口感有酥脆又清爽，層次豐富，唇齒留香！

▲ **米乳薑汁 Dirty（￥33）**，只想說一句：「怎麼會有這麼好喝的 Dirty！！」沒想到大米和薑汁的味道跟咖啡是這麼配！米乳的米香、薑汁的辛辣以及咖啡的醇厚，讓整個味道層次更豐富。清淡、甘甜的米乳甜味能中和咖啡的苦味，薑汁也帶有輕微辛辣感，所以每一口都能感受到不同味道在口腔內的交織和變化。

◀ **提拉米蘇（￥39）**，帶有輕微苦澀味的甜點，它的苦味又不像咖啡這麼強烈，因為還有芝士的甜味、奶香味的融合，加上醇厚的酒味，竟然有一種在「吃」酒的感覺。質感比之前吃過的提拉米蘇都要綿密實在，一點都不空氣感。

星寰國際商業中心

地 廣州市越秀區僑光西路 11 號
時 10:00~22:00
交 地鐵 2 或 6 號線海珠廣場站 D 出口步行 90 米

星寰商業中心位於海珠廣場站旁邊，2022 年 12 月開業。商場設有 4 個小小的互動藝術展覽區域，餐飲選擇不少，多為香港人熟悉的連鎖品牌。佔據商場 1 及 2 樓的小米之家地方偌大，不單有售手機和配件，還有各種家品可以試用體驗。7 樓還有一個戶外觀景平台，可以欣賞一江兩岸的風景和廣州第一條跨江大橋「海珠橋」。

▲ 1 樓位置擺放了最新型號小米汽車 SU7。

▲ 藝術展覽區域。

▲ 小米各種家品及家電。

銀燈食府

地 廣州市越秀區解放南路 33 號麗豐國際中心 3 樓

時 08:00~16:30、17:00~21:30

交 地鐵 2 或 6 號線**海珠廣場站** D 出口步行 400 米

費 人均 ¥96

▲ 不想久候，可以使用大眾點評 App 線上等位。

來到廣州，怎可以不嚐嚐銀燈食府的早茶呢？

銀燈在廣州口碑不錯，尤其是早茶時段（特別是週末及假日）常常座無虛席，更可能需要排隊等候，而且部分熱門點心限量供應，所以要吃就要早點到店啦！

▲ **青芥沙拉三文魚撻（¥34）**，三文魚出奇地跟青芥末沙律醬很搭，微辣中帶點酸甜。由於青芥末的味道很濃烈，所以吃的時候要小口一些，否則會容易被嗆到！撻皮很酥脆，口感清爽得來又豐富。

▲ **金醬辣露蒸鳳爪（¥36）**，鳳爪軟糯入味，金醬鹹鮮又有點微辣，略帶甜味。

這裏的出品，是**在傳統粵菜的基礎上融入新元素**，在點餐的時候已發覺有很多新奇點心，既有經典的粵式風味，也有煥然一新的感覺。

▲ **XO 醬蝦米煎腸粉（¥26）**，腸粉外皮微焦，搭配 XO 醬和蝦米的鹹鮮味，提升了腸粉的口感，也是我每次喝早茶都會點的項目之一！

▲ **黑松露鮑菇雞粒芋角（¥30）**，外皮非常酥脆，內餡有黑松露、鮑菇、雞粒等，黑松露香氣很濃郁，滿口都是黑松露香味。鮮嫩多汁的鮑菇和雞肉，跟芋泥的綿密很搭，鹹香中帶點甜。

▲ **抹茶桂花糕（¥26）**是創意甜點，抹茶稍微的苦澀和桂花淡淡的香味很匹配，清甜不膩。

◀ **海苔抹茶流沙包（¥33）**，吃起來像奶黃包，中間的餡料很流心，帶有淡淡鹹蛋黃香味。

▲ **煎魚腩豬膶粥（¥26）**，粥底綿密，煎魚腩焦脆，豬膶鮮嫩，口感非常豐富。粥底則帶有淡淡薑味和胡椒香氣。

格魯吉亞美食館（萬菱廣場店）

地 廣州市越秀區解放南路萬菱金貿中心9樓1號
時 11:30~14:00、17:00~21:00
交 地鐵2或6號線**海珠廣場站**B2出口，沿一德路向西步行310m
費 人均 ¥120

▲食客可以在大眾點評App選購團購套餐，這樣不用費神點菜，由店家安排特色菜式，價錢也比單點優惠。晚上就餐人數不少，建議早點來不用等位。

這間餐廳其實是在無意間找到的，當時是想轉變一下口味，找家比較特別、新奇的餐廳嘗試。最初見到是有種眼前一亮的感覺，格魯吉亞？這個國家比較少聽到，加上網上的點評寥寥無幾，就抱着試試的態度去品嚐一下。

由於風格非常獨樹一幟，至今我的記憶仍然猶新！這間餐廳在2021年開業，全名「格魯吉亞一帶一路商務館」，除了可以品嚐到正宗高加索美食，也能從食物中了解到格魯吉亞人的口味偏好及文化習慣。喜歡嚐新的不妨來這裏體驗充滿異國風情的美食之旅。

我們選擇了雙人套餐（人均 ¥120），菜式以烤麵包、雜湯、扒類為主。

▲當地出名的**船型乳酪餅**，看起來像個大燒餅，中間有一顆雞蛋，吃之前要將雞蛋攪拌開，就是正宗吃法。乳酪餅質地厚實，口感酥脆，表面芝士又香又濃，每一口都是滿足！

➤**酸梅牛肉湯**（左）、**紅菜根湯**（右）在格魯吉亞也是經典家常菜式，牛肉湯味道酸甜，有點像羅宋湯，裏面的牛肉煮至軟爛，還加入了各種當地香料，味道豐富層次分明。紅菜根湯顏色鮮艷，與裏面的燉牛肉一起大喝一口，又酸甜又清爽，恰好中和了葷菜濃重的味道。

喜歡芝士的還可點一份**歐亞特色薄餅**，芝士極厚勁拉絲！除此以外個人也十分推薦其他餅類，不論餅底或是上面的芝士，都十分出色！

肉類同樣美味，**高加索燉牛肉**、**青醬龍蒿燉湯燉羊架**，兩款都屬於味濃菜品，可以點一份烤麵包分享醬汁。肉類保持原汁原味，同時感受到調味料的強烈以及脂肪的柔軟細膩。

格魯吉亞盛產葡萄酒，紅酒在當地尤為出名。裏面除了有葡萄酒的果香，還有淡淡的肉桂香味，入口微酸帶甜，肉桂的味道愈發明顯，還帶點酒精的微醺。

來店的路上會經過萬菱廣場，這是一幢集生活、家居、潮玩於一體的 9 層高批發商場，每次來到都會發掘到很多新奇小玩意，可以預半天時間慢慢淘貨。

東山口

交 地鐵 1 或 6 號線**東山口站** F 出口

「東山少爺，西關小姐」這句俗語中的西關指的是現在的荔灣，而東山就是指東山口。在這個充滿歷史底蘊的老街區，現今已被活化成**潮人聚集地**，隨處可見風格各異的 Cafe、酒吧、各種本地和外地的潮物品牌。週末期間這裏更是人頭湧湧，很多本地人、遊客都在這邊逛逛街、喝咖啡，再欣賞一下數百棟百年紅磚洋房，就是東山最特別的印記。

當中的**廟前西街是「潮物一條街」**，是各種新派服裝的集合點，可以慢慢看上半天。很多小眾品牌的款式在網上是沒有同款的，如果喜歡獨一無二的穿衣風格，可以在這邊慢慢淘一下！

以下幾間店是我比較喜歡的，每次經過都會進去看看新款。

COCKTAIL JOJO

址 廟前西街 11、13 號

佔兩個鋪位，帽子款式超級多，門口有個黑白麥當勞叔叔擺設，玩味十足。

Badmarket

址 廟前西街 9 號

兩層高的品牌合集小店，服飾鞋包都有，款式新穎。

CANDY PLUSVINTAGE 桃園

址 廟前西街 18 號

中古二手包店，有很多絕版名牌款式，喜歡復古的朋友值得一逛。

3MODE

址 廟前西街 7 號

售賣街頭風服飾，路線休閒隨性，不時會有折扣。

▲其中有些舊建築成功被活化，例如 2022 年開業的「一方東山」，裏面是集合了飲食、購物、打卡於一體的小商圈，成為這區的新地標。

▼附近還有很多打卡裝置、牆繪，不時還有明星快閃見面會，每個星期也有各種線下活動，讓遊人樂而忘返。現在開放的是 1 期，未來還有 2 期在規劃中，相信日後「一方東山」會有更多新搞作。

▲東山口的另一邊有更多小眾品牌和打卡拍照的地方，相比廟前西街，恤孤院橫路更加清幽，更貼近舊時的東山。很多建築建於民國時期，一棟棟紅磚牆洋樓多不勝數，現在有部分用作咖啡店、個人品牌時裝店及工作室。

▼位於署前路的老牌商場東山百貨大樓，就在電車站對面，1983 年開業，是很多廣州人的集體回憶。

▼**香薰店「白鳥之歌」**

址 恤孤路 11 號　**時** 11:00~20:00

店面不小，設計感十足，可以花點時間慢慢找尋喜歡的香味。

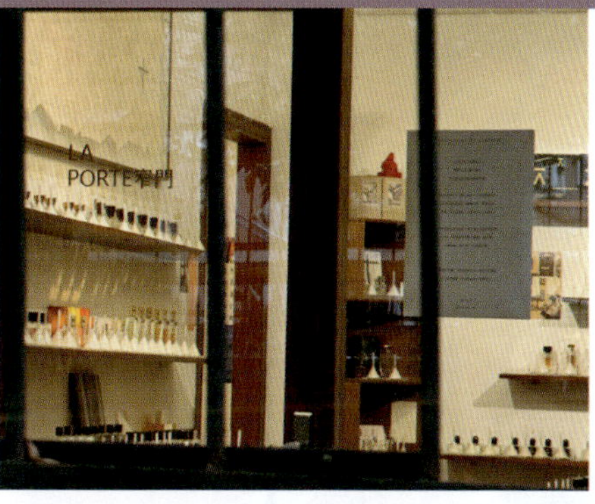

▲**香薰店「窄門 LAPORTE」**

址 恤孤路 6 號　**時** 11:00~20:00

在白鳥之歌附近，品牌選擇較多，也提供香薰蠟燭、精油等等。

馥果

地 廣州市越秀區惠福東路鹽運西正街 3 號

時 11:30~22:00

交 地鐵 1 或 2 號線**公園前站** J 出口向南步行 430m

費 人均 ¥92

▲店舖靠近地鐵站，交通方便。

▼店內的環境太有氛圍感了，以至吃完離開時還忍不住繼續拍照。在這裏用餐就想身處在兒時的時光，一切都超有回憶感！細看店家的各種收藏，真的可以看 1、2 個小時。所以來這裏不單是吃飯那麼簡單，還能帶你乘時光機回到孩童時代。

第一次來訪，覺得好像去到一個奇幻世界！店主收藏了很多麥當勞曾經推出的公仔，還有各種麥當勞叔叔的擺件。這裏既是美式復古餐廳，也是滿足「大細路」的兒童樂園。

下午茶時間人流還不算很多，但週末和晚上用餐時段或需要等位，所以喜歡拍照的朋友建議在非飯市時間到店，就可以慢慢影慢慢看啦！

▲餐品也十分精緻，**蝦膏海鮮米型麵（¥58）**口感新奇，味道微辣帶有濃重的芝士味。蝦味濃，配合魷魚口感豐富。**重芝士薯條（¥36）**也是愈吃愈滿足，芝士鹹香，薯條夠乾脆。**奶昔（¥36）**酸甜，開胃解膩，質感綿滑，適合搭配薯條一起吃。

▼這裏給我一種很熟悉又有點陌生的感覺，特別是昔日的麥當勞餐椅，部分絕版玩具擺件等，勾起了很多兒時回憶。

大佛寺

地 廣州市越秀區惠福東路惠新中街 21 號

時 08:00~19:30

交 地鐵 1 或 2 號線**公園前站** D、E 出口往南步行約 300 米

在廣州北京路這個千年商都裏，有一座高七層、古色古香、金光燦爛的中式古建築，入夜後建築物的燈光與建築物本身互相輝映，與附近的高樓大廈形成巨大的差異感，吸引很多遊人過來拍照打卡。這裏是北京路其中一筆濃墨重彩 —— 廣州大佛寺。

大佛寺始建於南漢時期，現僅存的只有大雄寶殿。殿內供奉三尊黃銅精鑄大佛 —— 釋迦牟尼佛、阿彌陀佛及彌勒佛，是廣東省內現存最大的黃銅鑄像。經過近 10 年的修復工程，現在還加建了圖書館、素食館、文化綜合大樓等。

▲ 現在的大佛古寺，已經成為廣州舊中軸線的重要一員，隱藏在充滿人氣、熱鬧的商圈裏面，讓現代與傳統融為一體，可說是大隱隱於市的真實典範。

Seoi6 Bakehouse 陸穗

地 廣州市越秀區北京路 323 號（太平館西餐廳對面）

時 10:00~21:00

交 地鐵 1 或 2 號線**公園前站** E 出口步行 230 米

費 人均 ¥41

店鋪位於北京路，位置非常顯眼，對面就是十分出名的太平館西餐館。透過門口櫥窗能看到多款顏色漂亮、造型奇特的麵包，每次經過都覺得十分吸引，很適合逛完北京路後來享受一份滿足的下午茶！

新鮮草莓丹麥（¥25），士多啤梨鮮甜多汁，配上裏面滿滿的士多啤梨醬和忌廉，又香又甜！多層的丹麥酥很酥脆，一口咬下滿嘴都是碎碎。整體口感很豐富，絕對是士多啤梨控的心頭好！

曲奇可頌三兄弟（¥28），其實本來是想點抹茶麻薯曲奇可頌的，但已經售罄，幸好還有朱古力味。朱古力充滿整個可頌，每一口都吃到朱古力夾心，同時可頌十分酥脆，還很有飽腹感，好看也好吃！

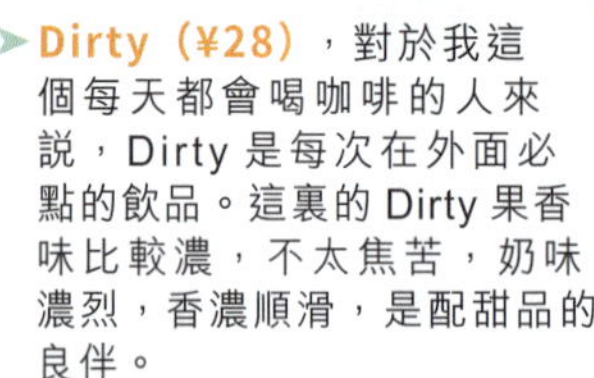

Dirty（¥28），對於我這個每天都會喝咖啡的人來說，Dirty 是每次在外面必點的飲品。這裏的 Dirty 果香味比較濃，不太焦苦，奶味濃烈，香濃順滑，是配甜品的良伴。

印式香料奶茶（¥28），有別於一般奶茶，香料味非常濃烈，朋友說像股淡淡的草藥味，我就覺得味道很特別很好喝，而且嗅到很香的青草味，配甜品吃不會喧賓奪主。

越秀必逛必吃

malico

址 廣州市越秀區惠吉東路 22 號

時 11:30~21:00

交 地鐵 1 或 2 號線**公園前站** i2 出口直走，於陶街電器城轉右

費 人均 ¥68

藏於巷弄中的寶藏小店，很多年前已經光顧過，當時覺得無論環境還是出品都很有驚喜！以至由一開始沒有太多人留意的店舖，到現在已經人氣滿滿，大家都對這裏的出品讚不絕口，且有新意，所以店子小小，假日都吸引很多人排隊。

▼ **重車達芝士辣味薄餅、牛肉碎，配墨西哥辣椒圈（¥37）**，薄餅酥脆得像薯片，中間的車打芝士有獨特的奶香，與鮮嫩的牛肉結合得非常好。此外還加入墨西哥辣椒圈，熱辣的感覺蔓延至整個口腔。整體口味都融合得很好，香辣刺激又酥脆，美味！

▲ **意式水煮魚（¥59）**，除了主要的番茄和魚肉，還加入橄欖、羅勒等等，增添了鹹鮮風味。湯汁有濃厚的番茄味，魚鮮味明顯但一點都不會腥，反而非常開胃！魚肉吸滿酸甜的湯汁，肉質十分嫩滑，真想點一碗白飯一起吃。

◀ **炸魚薯條（¥29）**，炸魚的外層裹着酥脆的面衣，裏面的魚肉鮮嫩多汁，有種兩極分化的口感。

▲ **經典義大利肉醬寬通粉（¥38）**，每一口都能感受到肉醬的濃厚和寬通粉的扎實，同時還有番茄的酸甜和羅勒的草本氣息，整體不會太膩、太重口味。

順得來

址 廣州市越秀區中山五路 68 號
時 週一至五 11:00~14:00、17:00~21:00，週六日 11:00~15:00、16:30~22:00
交 地鐵 1 或 2 號線**公園前站**五月花商場出口步行 190 米
費 人均 ¥91

作為脆肉鯇迷，這是我在廣州最喜歡的店之一！雖然並非新店，環境也不是特別好，但絕對是很受老廣歡迎的街坊老店，每逢飯市肯定要等位，所以建議早上 11 點前或下午 5 點前到，就可以快速入座，速速吃魚啦！另外要注意，需要齊人才可入座，每桌的用膳時間只有 90 分鐘。

▲ 店鋪在五月花商場停車場入口附近，如果第一次去會比較難找，可以開導航或問一下街坊。不過相信這份地道的美味，值得花一點時間尋路。

▲ 第一食，將新鮮的脆肉鯇用最簡單的方法煮熟 ——**泉水白灼魚片**。魚肉色澤鮮嫩，在店員的烹煮下，幾分鐘就可以吃到爽脆的魚肉！每一片都很厚實，又脆又嫩，魚香味魚油味十足，跟普通鯇魚是完全不一樣的口感。味道十分鮮甜，沾上簡單的薑葱蒜豉油調味，魚肉更甘香。

這裏的「**一魚五食**」可以一次過吃遍魚肉的各種特色吃法！最少要點6斤（¥38/斤），每單須另加 ¥20配料費，人愈多愈划算。此外還有多款粵菜選擇，加個炒菜就十分滿足啦！

▼ 第二食，**豉汁蒸魚腩**。本身鮮甜的魚肉，加上鹹鮮的豆豉汁蒸煮，又是另一種風味。魚腩入味，同時脂肪含量更高肉質也更結實，一口咬下去，真的會「咯」一聲！這時候很適合叫一碗白飯，加上豉汁魚肉一起吃。

▼ 第四食，**韭黃魚膠**。將魚肉做成魚漿後加入韭黃煮成魚蛋的樣子，口感跟一般魚蛋全然不同，完全繼承了脆肉鯇超級彈牙的質感。調味較清淡，但韭黃為魚肉增加了些許清香，不用沾醬汁都夠味，吃到食物的原味感覺滿足！

➤ 這間店我光顧的次數算是很多，每次吃完都覺得很美味很驚艷。魚肉鮮嫩又脆口，讓我這個不太喜歡吃魚怕骨的人都愛上了！而且都是用很簡單的方式烹調，就可以吃到魚肉的鮮甜，喜歡脆肉鯇的朋友，十分推薦你來試試。

▲ 第三食，**煎焗魚腩**。對於喜歡吃「香口」美食的朋友來説，煎炸的做法對本來就爽脆的魚肉又添了幾分風味。金黃色的魚肉邊角煎至乾身，口感酥脆又有椒鹽調味，記得一定要趁熱吃，冷卻後口感會沒那麼好。

▲ 第五食，**魚蓉煲粥**。上桌後打開蓋子，聞起來超香，喝下去口感厚實，花生和魚香味十足，每一口都能嚐到鮮甜濃郁，不需要過多調味，非常暖胃和緩解疲勞。沒有魚刺，可以放心大口大口喝！

越秀必逛必吃

石室聖心大教堂

址 廣州市越秀區一德路舊部前 56 號

時 週二至五 09:00~11:00、15:00~17:00，週六 08:30~14:30、週日 13:30~14:30 **休** 週一

交 地鐵 6 號線**一德路站** A 出口步行 470 米，或地鐵 2 號或 6 號線**海珠廣場站** B2 出口步行 590 米

位於一德路的聖心大教堂，本地人稱為「石室」，每逢節假日都有眾多遊客前來參觀。

這座天主教建築歷史悠久，也是廣州教區最宏偉、最具特色的大教堂，而且還是國內現存最宏偉的雙尖塔歌德式建築，更是全球四座全石結構歌德式教堂之一。到目前為止聖心大教堂共大修了三次，但大至窗花，小至雕花，依然保持獨特的建築風格。

▲ 要注意，進入教堂時要穿衣得體，也要把帽子摘下，室內拍照不得使用閃光燈、自拍杆。

▲ 據歷史記載，教堂是由法國人設計、本地工程師完成，所以有很多細節都能找到中式元素，甚至教堂樓頂的出水口也改成中式獅子造型，大門也刻上廣式木雕。

◀ 天氣好的時候，陽光從樓頂的彩色玻璃穿透進來，更體現出教堂內部絢麗、斑斕的感覺。

小知識

遊覽教堂後

教堂外面就是廣州聞名的「海味一條街」，各種山珍海錯應有盡有。這裏也是廣州人辦年貨的好地方，每逢過年前夕都充滿新年氣氛，不僅有揮春售賣，還有花膠、燕窩、鮑魚、海參、堅果、瓜子、糖果等等任君選擇，價錢實惠。

越秀必逛必吃

老西關瀨粉

址 廣州市越秀區文明路 216 號（靠近中山圖書館）
時 07:30~21:30
交 地鐵 1 號線**農講所站** A 出口步行 520 米
費 人均 ¥18

如果第一次來吃這家店，看到店名可能會覺得奇怪，「老西關瀨粉」開在越秀區？而且一開就差不多 20 年，要知道廣州好吃的瀨粉多不勝數，能開這麼久並且越來越多分店，真的不簡單。店內最顯眼位置掛滿一整牆的米芝蓮推介獎項，證明除了本地人愛吃，也深受外國遊客喜愛。

▼ 搭配的**齋燒鵝**用豆製品製作，口感是腐竹的加強版，表面香脆不硬，味道甜而不膩。建議浸泡在瀨粉裏面吃，容易掛滿鹹鮮的湯汁。

▲ **傳統瀨粉（配齋燒鵝 ¥16）**，瀨粉是很多廣州人的早餐美食，這裏標榜瀨粉為純手工製造，原料是粘米粉，所以米香味濃，十分有嚼勁和滑溜，加上些許蘿蔔乾或者鹹菜佐吃，味道極香，湯汁也夠濃稠。

➤ **上湯紫菜雙拼（¥21）**，店內有種食物叫做「傳統水菱角」，這是西關傳統小吃，還是非物質文化遺產，用米磨成粉再做成水菱角的形狀，煮熟後口感軟糯有嚼勁，就像是加大版的瀨粉，十分吸汁和飽腹。紫菜讓水菱角增加鹹鮮味，一粒粒小小的魚皮角（類似魚皮餃）爽口彈牙。湯底用蝦米、瑤柱、腩肉、臘味、花生等熬成，味道濃郁。如果喜歡配鹹菜和蘿蔔乾，可以到取餐位添加，很有本地風味！

達揚原味燉品

址 廣州市越秀區文明路 160-1 號
時 11:00~00:00
交 地鐵 1 號線農講所站 A 出口步行 540 米
費 人均 ¥24

這家位於文明路的燉品店，開業超過 20 年，附近的街坊一定都在這裏喝過湯、吃過燉品，而且價錢不高，在市中心來說算是實惠，並且在 2018~2023 年獲得米芝蓮推薦。

現在除了文明路老店，在一街之隔的德政路也有新店面，老闆稱為「總店」。老店環境較狹窄，沒有空調，大熱天時會吃到汗流浹背，但飯市時仍一位難求，通常過了飯點就只剩下 3 款經典湯水和龜苓膏可選；而新店（即總店）環境較好，並且有冷氣，即使下午時段湯品的選擇會多一些。

▲ 兩家店剛開門的時候湯品最齊全，如果想幾個朋友一人一份試試，建議 11 點就要來到啦！

▲ 椰子燉竹絲雞（¥23），這裏的招牌，椰子水甜絲絲，竹絲雞嫩滑軟爛，雞汁和椰子水混為一體，有雞香味同時也有椰子的清甜，喝一口，甘甜在口腔裏回蕩。湯內還有各種配料，包括圓肉、枸杞、黨參等等，讓本來就鮮甜的湯汁口味更上一層樓。喝完湯汁意猶未盡，還可以刮一下椰子肉來吃，同樣香氣十足！

▲ 煉奶龜苓膏（¥8），屬夏日甜品。很多人在這裏吃過龜苓膏後的評價都是「夠甘」。確實，對我這種喜歡吃甜的人來說，這裏的龜苓膏比坊間的出品都要甘，但大家就是喜歡這種食物原味。配上龜苓膏的老搭檔煉奶，苦中帶甜略有回甘，口感嫩滑像涼粉。淡淡的藥材味在上顎久久不散，吃完後感覺的確涼爽不少。

越秀必逛必吃

玫瑰甜品

址 廣州市越秀區文明路 218 號（靠近中山圖書館）
時 12:00~23:30
交 地鐵 1 號線**農講所站** A 出口步行 440 米
費 人均 ¥18

文明路有很多開業幾十年的老店，資料顯示玫瑰甜品有 18 年歷史，但猜想遠遠不止。雖然店鋪有點歷史，但出品非常與時並進，除了有經典廣式甜品，也有不少新派口味，俘虜了不同年齡層顧客。

◀ **薑汁蛋奶糊（¥17）**，這裏的招牌甜品，但顧客對它評價兩極，有人覺得過於寡淡不夠甜，也有人覺得味道剛好可以品嚐到濃烈奶香。個人認為口感像熱的雙皮奶，幼滑且入口即化，有很濃郁的蛋奶味，甜度剛好不會很膩，而且飽腹感很強。奶糊就是類似蛋撻中間蛋心的感覺，很香很糯很濃厚，沒有蛋腥味，只有淡淡的甜味，是滿有人氣的廣式甜品。

◀ **喳喳（熱 ¥13 / 冷 ¥14）**，經典的雜錦甜品，傳統做法是將西米、芋頭、綠豆仁、番薯等加入椰奶煮熟，再加熱帶水果點綴。但這裏的做法稍有不同，吃起來仍有很香濃的椰奶味，不過配料較多，有種像八寶粥般很扎實很豐富的口感。有冷熱之選，夏天來一碗，十分解暑氣！

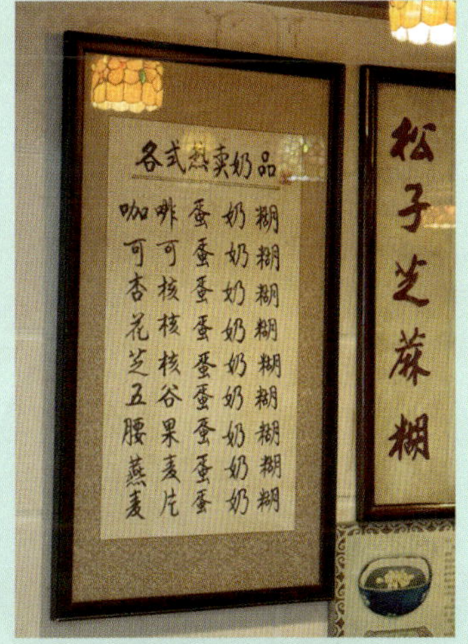

▲ 除了以上兩款我比較喜歡的甜品，還有至少幾十款可供選擇，如果在附近吃完飯，或者逛完北京路想吃甜品，可以到文明路這邊走走。

舊稱「西關」，因明清時為廣州西面城門所在而得名。這裏曾經是廣州的商貿中心，著名的外貿商埠十三行就位於此。同時這裏保留了濃厚的嶺南風情，各式美食、歷史建築還有市井煙火氣都隨處可見，是最適合體驗老廣生活的地方。

區內的旅遊景點非常多，永慶坊、荔灣湖、十三行博物館、陳家祠等等，還有新建成的大灣區藝術文化館，無論旅遊還是生活都是十分不錯的地方。

荔灣區景點

1. 白鵝潭大灣區藝術中心
2. 西華路
3. 天寶食坊
4. 永慶坊
5. 沙面島
6. 沿江西路

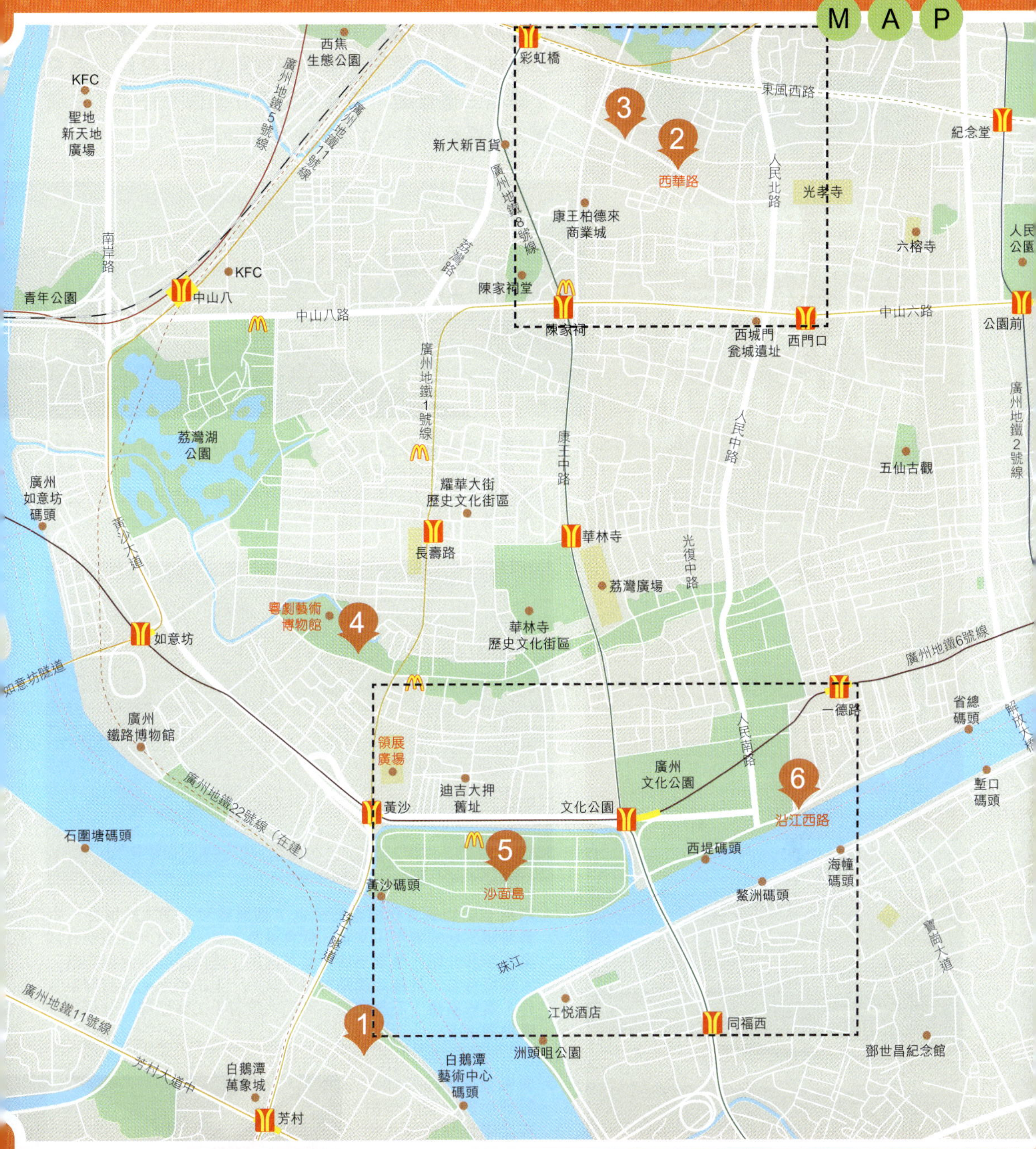

荔灣區交通

地鐵：

1號、5號、6號、8號、11號線及廣佛線可涵蓋全區，而永慶坊、沙面等主要景點集中在1號和6號線周邊。

高鐵：

至廣州南站，轉乘地鐵2號線到海珠廣場站，可換乘6號線；或到公園前站換乘1號線。

直通巴士：

荔灣區甚少直通巴士站點，可以考慮在華僑大廈（近海珠廣場地鐵站）下車轉乘地鐵。

白鵝潭大灣區藝術中心

地 廣州市荔灣區長堤街省航芳村碼頭南 50 米

時 週二至日 09:00~17:00（16:30 後停止入場）

休 週一（節假日除外）

費 免費

交 ① 地鐵 1 或 11 號線芳村站 B1 / E 出口步行 600 米
② 在黃沙碼頭搭乘水上巴士 S6 線路

小貼士

中心外有個超大的雕塑，打卡一流。附近還有臨江觀景平台，視野廣闊，與白天鵝賓館隔江相望。

白鵝潭大灣區藝術中心的外形恍如一艘巨輪，裏面設有廣東美術館、廣東省非物質文化遺產館、廣東文學館三個展館，三者都需要在微信小程式「白鵝潭大灣區藝術中心」上預約免費參觀。

▲ 廣東美術館有 12 個展廳，部分為期間限定的專題展覽，之前亦展出過畢加索的真跡畫作。參觀前可於「廣東美術館」公眾號查看正在展出的專題和特展，再考慮是否前往。展館十分明亮寬敞，逛起來十分舒適。

▲ 廣東省非物質文化遺產館分為 7 個展廳和 1 個專題展廳，從粵港澳三地的習俗、文化、飲食以及工藝、音樂、戲劇都有詳盡展示和介紹。最震撼的作品莫過於「灣區同心」大型骨雕，大灣區各城市的標誌建築都融入其中，手工精細。還有醒獅紮作、廣彩廣繡、石灣陶塑、潮汕木雕等手工藝品都十分精巧，嘆為觀止。

▶ 廣東文學館是三個展館最小的一個，但對於文學作品的展示卻令人耳目一新。將文字具體化，還原書本裏面描繪的場景，代入作者了解其生活經歷。最重點的展覽之一，必定是魯迅的專題展覽。從他的成長環境、生活喜好、人生點滴都通過物品、場景、書籍一一展現，形象更鮮活深刻。

西華路美食攻略

位於荔灣區的西華路是近年的「網紅街」，每個第一次來廣州的朋友都會來這裏打卡，網上也有很多關於西華路的探店攻略，當然我也拍過 XD。在這邊居住的老廣特別多，自然美食也多，不少店舖都經營了很多年，各有特色，我特別推薦以下幾家給大家。

珍珍小食店

址 廣州市荔灣區西華路 183 號 1 樓
時 06:30~02:00
交 地鐵 8 或 11 號線**彩虹橋站** A 口步行 190m
費 人均 ¥30

一進店就看到牆上掛滿獎牌、銜頭、賀信，果然是街坊好店。營業時間比較長，從早餐到宵夜都可在這裏解決，難怪在這一帶知名度那麼高。

▲ **牛雜啫啫珍珠粉（¥30）**，不少老顧客都説從以前平價吃到現在貴價，雖然如此仍擋不住來吃的人。點單後廚師將腸粉加料現啫，鑊氣十足，一上桌就聞到濃烈的牛雜香味，入口鹹香，每一條珍珠粉都充分掛汁，加上本身已軟爛多汁的牛雜，爽滑、軟糯，雙重口感享受。用煲上能保持食物溫度，吃到最後還是暖暖的。

▲ 喜歡廣式粉麵的話，店家也有供應。即使在下午非飯點時間，店舖都是坐滿客人，十分熱鬧。

加亞拉茶

址 廣州市荔灣區西華路 278 號（荔灣區國稅隔壁）
時 10:00~23:00
交 地鐵 8 或 11 號線**彩虹橋站** F 出口步行 520m
費 人均 ¥16

這間可說是整條西華路我最喜歡的飲品店！店內環境不大，裝修也有年代感，但出品真的很不錯，每次我都會點招牌三層茶，真的跟在馬來西亞喝過的拉茶非常像！不過要注意，節假日這裏的排隊狀況很厲害，所以最好不要在飯點的時候來啦！

◀ **招牌三層茶（¥16）**，超香超滑超美味！不嗜甜的話記得點少甜！奶茶有明顯的三個分層，裏面添加了淡奶、紅茶、獨家糖漿，店員會提醒你攪拌後再喝，但我覺得一定要先不攪拌大喝一口，能感覺到茶香味濃，奶香四溢，口感順滑。

誠成煎餃

址 廣州市荔灣區西華路 464 號南海中學初中部旁
時 10:30~20:30
交 地鐵 1 或 8 號線**陳家祠站** F 出口步行 850m，
8 或 11 號線**彩虹橋站** A 出口步行 915m
費 人均 ¥21

街坊小店，價錢貼地。這裏座位不多，同樣需要避開飯市用餐高峰期。

▶ **紫菜湯（¥3）**，雖然有點普通，但每次來吃煎餃都會點一碗，配餃子吃感覺沒那麼乾燥。

▲ **三色煎餃（¥19）**，招牌菜式莫過於冰花煎餃，因為餃子底下有以粉漿形成的冰花圖案，故有此名。外皮很脆，不過有點硬。餡料選擇很多，基本上能想到的傳統口味這裏都有，三色即是粟米豬肉、木耳及紅蘿蔔。特別推薦桌上的辣醬，非常香，但不要放太多，真的非常辣！再加一點點醋，簡直可以感動味蕾！

沙灣甜品食館

址 廣州市越秀區六榕街道西華路第一津 33 號 101 舖（近南方幼稚園）

時 09:00~00:00

交 地鐵 1 號線**西門口站** D 出口步行 860m

費 人均 ¥16

這間懷舊老街坊小店，環境雖小五臟俱全，供應的甜品都很有年代感，是老廣從小吃到大的情懷之作。

➤ **特色炒蛋奶（¥14）**，和鳳凰炒奶一樣，都是到店必吃的招牌甜品。鳳凰炒奶是在炒奶的過程中將蛋黃和牛奶慢慢結合，形成類似鳳凰的圖案，因而得名。兩款甜品都真材實料，味道和口感相似，建議點一款品嚐即可。

▲ **紅豆雙皮奶（¥11）**，喜歡乳製品就不能錯過雙皮奶，特別是加了煲到起沙的紅豆。奶香 + 豆香，滲出清淡的甜味，不會覺得很甜膩。

英姐鮮奶

址 廣州市越秀區搢帽新街 1 號華業大廈 1 樓（雍和酒家對面）

時 08:00~21:00

交 地鐵 8 或 11 號線**彩虹橋站** F 出口步行 460m

費 人均 ¥16

如果你喜歡乳製品，除了上文的沙灣甜品食館，還有附近的英姐鮮奶。

此店的乳製品有新意，甚至有**鮮奶薑奶茶（¥15）**，標榜零添加，喝起來味道非常複雜，有濃烈的薑汁味，又有平時喝港式奶茶的感覺，奶味也很濃烈。還有 **Mini 鮮奶布丁（¥3）**，適合當下午茶。

天寶食坊

地 廣州市越秀區西華路 323 號
時 17:30~02:00
交 地鐵 8 或 11 號線**彩虹橋站** F 口步行 610m
費 人均 ¥87

「啫啫煲」是一道源自廣東的傳統美食，在廣州和香港都非常受歡迎。「啫啫」源於粵語，形容食物在烹製過程中發出「啫啫」聲，通常用砂鍋或鐵鍋以油加熱，再加入各種食材，利用高溫快速烹煮保持食材鮮味，所以一份啫啫煲好不好吃，非常考驗食材的新鮮度和廚師對火候的控制。

而這間「天寶食坊」，在它未有分店時我已經光顧過，印象最深刻就是美味、夠鑊氣的出品。

啫啫花鱔（¥68），價格在廣州來說不算便宜，所以第一次吃會對它抱有很大的期待。花鱔肉質鮮嫩，啫啫做法讓鱔魚表面焦香，內裏多汁，醬汁味道夠濃郁，蒜香和薑味非常明顯，去除了鱔肉腥味。

生啫竹腸（¥48），竹腸本身又脆又嫩，生啫可以保留腸的爽嫩、彈性，醬汁滲透其中，整體味道鹹香，略帶蒜香。

生啫牛肉（¥48），牛肉外焦內嫩，非常惹味！

◀**啫啫魚扣（¥49）**，魚扣在平時比較少吃到，恰到好處的火候使其外皮微焦，內裏滑嫩，好吃得停不下來！

▲**澳門蝦醬啫菜花（¥36）**是我很喜歡的菜式。菜花吸收了蝦醬的鹹鮮、蒜香，味道濃郁，菜花很脆嫩，佐飯一流！

▲**薑油泡特級靚蠔（¥99／半打）**，薑油可以去腥增加香味，蠔的鮮味與薑的輕微辛辣結合，味道新奇又刺激。

▲**金沙雞中翅（¥53）**，雞翼表面裏上鹹蛋黃，鹹蛋黃的鹹香與雞肉的鮮嫩結合，口感豐富！

▲如果是一大班朋友前來開餐，可以點得更豐富，一次過多嚐幾款啫煲。

永慶坊

地 廣州市荔灣區恩甯路 99 號
時 10:00~22:00
交 地鐵 1 或 6 號線**黃沙站** B 出口步行約 400 米。周邊公車站有粵劇藝術博物館站、恩甯路站和永慶坊站。

永慶坊是近年廣州市最熱門的旅遊地點之一，既保留了西關傳統建築風貌，又融合現代潮流元素，可說是集文化、旅遊、購物、休閒於一體的綜合性景區。

▲購物方面有不少個性服裝、潮玩精品、網紅書店還有文創市集，巷弄內還藏着不少裝修獨特的打卡小店。餐飲美食更是五花八門，咖啡茶飲小吃選擇甚多。

◀大益茶庭是大益茶葉旗下的茶飲品牌，大部分飲品都是以普洱茶為基底調配，想嚐新的不妨一試。

◀園區內還有不少值得參觀遊覽打卡的地方，如李小龍祖居、粵劇藝術博物館、網紅月亮橋等。

▶在前往領展廣場的路上會經過上下九，老字號如陶陶居、廣州酒家都在這條路上。

粵劇藝術博物館

址 廣州市荔灣區恩甯路 127 號
時 週二至日 09:00~21:00（20:30 停止入場）
休 週一（節假日除外）
交 地鐵 1 或 6 號線**黃沙站** B 出口步行約 400 米

如果想參觀粵劇藝術博物館，需要在「粵劇藝術博物館」公眾號上預約免費參觀。館內從粵劇的起源到發展，各種戲服、樂器、流派、各大名伶都有詳盡的展示和介紹。花園位置更有粵劇表演，詳細演出時間和曲目可以留意現場的演出表。

▼ 小米店內有汽車展示，感興趣的朋友可以體驗一下。

領展廣場

址 廣州市荔灣區黃沙大道 8 號
時 10:00~22:00
交 地鐵 1 或 6 號線**黃沙站** C 出口

領展廣場前身是西城都薈廣場，後被領展收購。經過局部翻新改造，在 2020 年正式更名。

和永慶坊和沙面島不同，商場內的餐飲品牌多以連鎖為主，粉麵甜品的選擇也相對多一點。

▲ 商場位於永慶坊和沙面島之間，距離兩個景區都很近，加上鄰近黃沙地鐵站，十分方便。

漫步荔灣區

沙面島

址 廣州市荔灣區沙面島
交 地鐵 1 或 6 號線**黃沙站** E / F 出口

沙面是個極具異國風情的地方，保留着很多歐式風格建築群。曾經作為廣州的重要商埠，後來先後成為英法的租界，島上的建築也是在這段時期形成的。島內還有海關館舍舊址、露德天主教聖母堂、基督教沙面會堂、潮州鳳凰單叢茶博物館等景點。

▲ 露德聖母堂

▲ 沙面最出名的建築當屬白天鵝賓館了，是 1979 年由廣東省旅遊局與富商霍英東共同合作投資興建的內地首家五星級酒店。中庭的「故鄉水」更是酒店標誌性景點，小橋流水、假山瀑布，恍如置身山水之中，吸引不少遊客來拍照打卡。酒店每個角落擺放了很多精美工藝品，感覺就像在博物館遊覽。

新巴洛克式、仿哥德式、券廊式、新古典式等風格建築都可在這裏找到，因此成為情侶拍攝婚紗照的首選地方之一。島上的店舖在保留原有建築風貌的同時，也增加不少特別的裝飾造型，既復古又新潮。島上的餐廳多為老字號，可以在這裏吃晚飯後再沿江散步，還能看到夜遊珠江的船和對岸的白鵝潭大灣區藝術中心。

◀ 沙面島上的公園有形形色色的雕塑，非常生動有趣。

▲ 潮州鳳凰單叢博物館位於沙面南街 58 號，雖說是個小型博物館，主要展示及售賣潮汕鳳凰單叢茶，但能藉此順帶參觀沙面舊建築的內部環境，古典風格、木質樓梯、簡約色調，就像一秒穿越回到昔日。

▼ 還能到黃沙碼頭搭乘水上巴士，到對岸的白鵝潭大灣區藝術中心參觀。

沿江西路

址 西起荔灣區沙面，東至越秀區海珠廣場

交 西向接近地鐵 6 或 8 號線**文化公園站** A / B 出口，東向接近地鐵 2 或 6 號線**海珠廣場站** A / D 出口

近年沿江西路因為仿歐洲古典建築「粵海關舊址」而成為打卡熱點，該建築奠基於 1914 年，1916 年竣工，是民國時期廣州的海關舊址，現作為中國海關博物館廣州分館，免費對外開放參觀。晚上建築外的燈飾亮起，更添古典氛圍。沿路還有郵政博覽館、南方大廈、嘉南堂、南華樓、愛群大廈等特色建築。

▲ 粵海關舊址

▲ 郵政博覽館

▲ 晚上還可以選擇乘遊覽船夜遊珠江，岸邊設有票務處。

因為海珠位於廣州珠江以南，所以舊時也稱作「河南」。作為廣州老城區三區之一，海珠區具有豐富的歷史文化及淳樸的市井氣息。

廣州地標廣州塔就在此區，近年還開通了沿江的海珠有軌電車，也有海珠國家濕地公園、海珠湖公園、廣州市文化館新館等相繼落成，同時亦活化了數個創意園區，如珠江琶醍啤酒文化創意藝術區、TIT 創意園、BIG 海珠灣藝術創意園等。加上遊客喜歡打卡的琶洲有軌電車，和歷久不衰的潮人聚集地江南西，這種新舊交替，讓海珠更加充滿活力和人文氣息。

海珠區交通

地鐵：

2 號、3 號、4 號、8 號、11 號、18 號、廣佛線及海珠有軌電車 1 號線。江南西、廣州塔和濕地公園等主要景點集中在 2 號、3 號、8 號線上。

高鐵：

至廣州南站，轉乘地鐵 2 號線至海珠區。

直通巴士：

於珀麗酒店（近昌崗地鐵站）或客村（近客村地鐵站）這兩個站點下車較為便利。

其他：

在香港中港城碼頭或機場海天碼頭，搭乘客運船到海珠區的琶洲港碼頭。

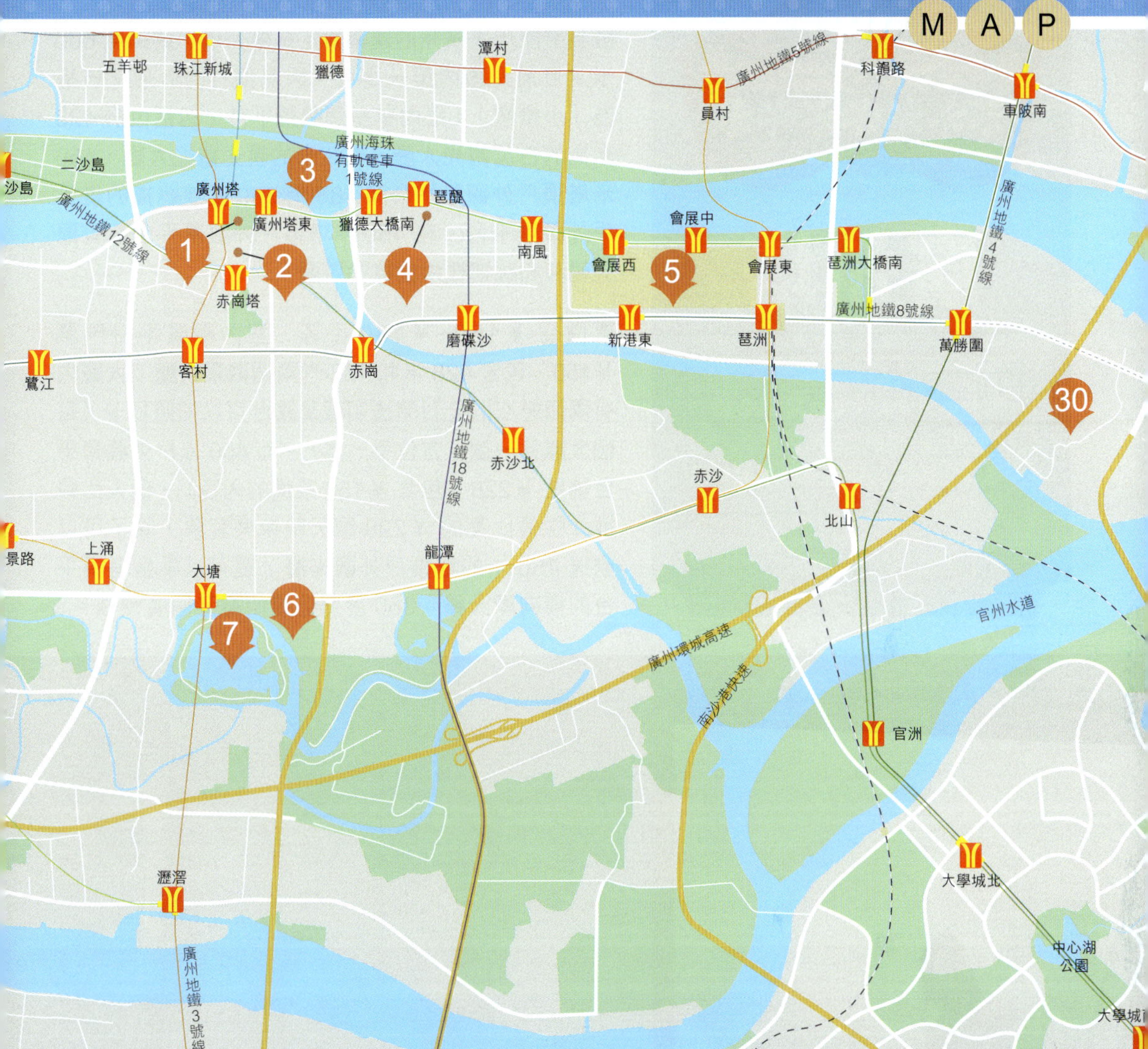

海珠區景點

1. 廣州塔
2. 廣州塔廣場
3. 海珠有軌電車 1 號線
4. 珠江琶醍啤酒文化創意藝術區
5. 琶洲國際會展中心
6. 廣州市文化館新館
7. 海珠湖公園
8. BIG 海珠灣藝術園區
9. 萬國奧特萊斯
10. YOOFIRE 有火
11. 乜記
12. Creamistery 奶迷
13. 田仟仟
14. 圍苑飯堂
15. 笨蛋節奏．音樂便利店
16. 茶豆柑．綠植 Café
17. 好面膳
18. 奇趣博物館
19. 芝麻藝術商店
20. 慢慢商店
21. 知缶
22. 嘻豬麵包
23. 普通商店
24. Oasis Gallery（綠洲畫廊）
25. 太古倉
26. 天成川菜
27. 新興家喻酒家
28. 銀座餐廳
29. 漁意如意
30. 黃埔古港

廣州塔

地 廣州市海珠區閱江西路 222 號
時 09:30~22:30(22:00 後停止入場)
交 地鐵 3 號線、APM 線、有軌電車**廣州塔站**

說到最能代表廣州的建築肯定是廣州塔，總高度 600 米，目前是國內第一高塔，因為獨特的外形又被稱為「小蠻腰」。塔內有多個觀景平台，包括位於 428 米高的白雲觀光大廳，433 米的星光觀光大廳，450 米塔頂戶外觀景平台和 488 米 360 度無遮擋的塔尖戶外觀景平台。在 450 米塔頂戶外觀景平台還有摩天輪和和跳樓機兩個機動遊戲。

票價從 ￥150~￥400 不等，室內觀景平台門票 ￥150，包含 428 米和 433 米兩個觀景大廳，大廳內有兩個懸空的全封閉透明觀景露台可以拍照打卡（每個大廳各一個，方位不一樣）。而 450 米戶外觀景平台則是 ￥228（包含 ￥150 票價的內容）。個人比較推介性價比高的 ￥298 摩天輪遊樂套票，除了可以到達 450 米的塔頂戶外觀光層，還可以乘坐塔頂平台的橫向摩天輪，360 度無遮擋俯瞰整個廣州城。

▲ 推薦黃昏時段前登塔，在光線較為充足的情況下，在室內露台打卡拍照，順帶欣賞日落；到了夜幕降臨再乘坐摩天輪觀看城市夜景。要注意 450 米塔頂戶外觀光層門票屬一次有效，無法多次進出，但樓下的兩層觀光大廳可以隨意穿梭。

2024 年 12 月 OPEN

廣州塔廣場

址 廣州市海珠區廣州塔路 8 號
時 10:00~22:00
交 地鐵 3 號線、APM 線、有軌電車**廣州塔站**

廣州塔廣場位於廣州塔南門入口對面，是 2024 年 12 月 28 日開業的商場，彌補了原來廣州塔下商業購物餐飲的空缺。整個商場延續了廣州塔「小蠻腰」的設計理念，設有兩個下沉式廣場，商場頂層是個巨大廣場，中間設有水池，呈現出「水上塔影」的觀景。

商場內大部分品牌在廣州其他商場都相對少見，例如非遺技藝香雲紗製成的服飾服裝店「自許」，馬面裙技藝傳承人林棲的品牌服飾店「林棲 Gallery」，陶藝飾品店「陶花煙雨」，連蛋糕名店「好利來」的廣州首店也選址於此。此外還有不少咖啡店，很適合邊喝咖啡，邊欣賞廣州塔。如果傍晚遊覽完廣州塔，下來還能吃個晚飯，就不用特意跑到花城廣場或者琶醍，比較方便。

➤ 在廣場上還能看到附近的赤崗塔和廣州藝術博物院（又稱「廣州美術館新館」），未來藝洲路改造完成後，可以更通暢地增遊這兩個景點。

海珠有軌電車 1 號線

時 07:30~22:55

海珠有軌電車 1 號線起始站為廣州塔站，沿途經過獵德大橋、琶醍、廣交會會展中心、琶洲大橋、萬勝圍等共 10 個站。票價單次為 ¥2，可以使用嶺南通、羊城通（其他城市的交通聯合卡也可）或廣州地鐵乘車碼。

整段路程被大眾稱為「廣州最美的 7 公里」，面向江面方向會有種恍如陸上行舟的感覺，可說是另一種遊覽珠江美景的好方法。春夏時節整段路草綠花紅，配上一路上的江岸繁華，就好像在看一幅跑馬燈江景畫。

珠江琶醍 啤酒文化 創意藝術區 (琶醍)

地 廣州市海珠區閲江西路磨碟沙大街 118 號

交 ① 地鐵 8 或 18 號線**磨碟沙站** H 出口步行 1.8 公里

② 地鐵 3 號線**廣州塔地鐵站** A 出口，轉乘廣州塔 1 號線到**閲江西路站**步行 364 米

③ 乘海珠有軌電車在**琶醍站**下車

如果説海珠有甚麼既放鬆又特別的地方，我會推薦珠江邊的琶醍。建議傍晚時分來到，坐在附近的酒吧喝一杯，特別浪漫、寫意。

這裏前身為珠江啤酒廠，現已活化成以酒文化為主的餐飲園區。每到入夜，餐吧、酒吧開始營業，氣氛熱鬧，是晚上吃飯消遣的好地方。它位處海珠城軌線上的一站，交通方便。

▲ 走在園區裏面，隨處都是拍照打卡位，完全可以從傍晚留到晚上，欣賞珠江兩岸風景。

◀ 園區內有幾間「微醺」的漂亮酒吧，喜歡喝一杯的朋友可以試試，包括 Mr Rocky 洛奇先生餐吧、RockBro 洛奇兄弟、Coco' s Party Bar Zapata' s 薩帕塔、清漫精釀。

琶洲國際會展中心

地 廣州市海珠區閱江中路 380 號
交 ❶ 地鐵 8 或 11 號線琶洲站 B 出口步行 707 米
❷ 海珠有軌電車至會展西站

身在琶洲，不得不介紹一下這裏的國際會展中心，至目前為止這裏仍是廣州最主要和最大的會展中心。

為人熟知的廣交會、廣州汽車展、廣州設計周、廣州中小企業展並列為廣州會展行業 4 大名片，特別是每年 11 月中旬舉辦的廣州汽車展，是國內最主要的國際車展之一，我也打過卡很多次！還有 12 月上旬開幕的廣州設計周，涉及建築、工業、平面、室內等設計行業，可說是另一種藝術展覽盛會。對汽車、設計感興趣的朋友非常推薦前來遊覽。

➤在會展中心看完展覽，可以經由輕軌前往琶醍，晚上繼續吃喝玩樂！

廣州市文化館新館

地 廣州市海珠區新滘中路 288 號
時 週二至日 09:00~17:30（16:30 停止進場）
休 週一
交 地鐵 3 或 11 號線**大塘站** B 出口步行 774 米

廣州文化館新館於 2023 年建成並開放，就位於海珠湖公園旁邊，建議將兩者安排在同一天遊覽！文化館面積非常大，約 14.2 萬平方米，是目前全國最大的文化館，十分值得慢慢逛上大半天。

注意入園需要提前在「廣州市文化館」微信公眾號提前預約（最早可提早 3 天）或到現場登記免費入園，但節假日可能容易爆滿，建議安排好行程時間提前預約。

▲ 進入園內，可看到建築多以漢唐及嶺南風格打造，最高建築是「中心閣」，在這裏可俯瞰整個濕地公園，甚至眺望廣州塔，正對中心閣的左側有一個花園，春夏時節種滿滿天星，就像一個花海，很適合打卡！

▲ 香港部分

▲ 文化館樓高 5 層，展出不少精細藏品，當中 5 樓設有巨大的象牙雕塑「大灣區之春」，由水牛骨製成，共雕刻了大灣區 11 座城市，讓人歎為觀止！

◀廣州部分

▼還有多不勝數的非遺文化展品，精細之處難以言表，一定要親身來欣賞過，才能體驗當中的奧妙！

▲文化館內可以租借唐裝漢服拍攝紀念，增添代入感。而與文化館一街之隔還有一條大塘漢服街，對妝造拍攝感興趣的朋友，可以提早到這裏弄好造型，再進園遊玩。

▼園區內還有以非遺文化、國畫藝術為主題的曲藝園、廣府園、翰墨園、廣繡園四大園區，不定時有相關主題展品展出。大大小小的中式庭院造景分佈各處，搭配古色建築，環境非常清幽、寧靜。

海珠湖公園

地 廣州市海珠區新滘中路 168 號
時 07:30~21:00（20:00 停止進場）
交 地鐵 3 或 11 號線**大塘站** B 出口步行 250 米

海珠湖公園是廣東廣州海珠國家濕地公園的組成部分之一，也是我最喜歡的公園！

其中濕地公園免費開放的區域，在節假日不時會舉辦活動，同時有遊園小火車可以搭乘，十分適合一家大小週末過來遊玩。

▲推薦下午到傍晚時分來，是拍照的好時機！

▲園區內設有觀鳥長廊、棧道、望遠鏡等觀鳥設施，觀鳥愛好者一定不能錯過！

➤還有無人駕駛遊船（每人￥50）可以乘坐，主要圍繞海珠湖公園的中心湖區，可以近距離觀察候鳥。

▼如果要醫肚，園區內還供應非遺美食。例如用沙河粉炒的**乾炒牛河（¥32）**，味道正宗，鑊氣超足，非常入味，入口滑溜溜，米漿味超濃。

▲金牌豬手湯沙河粉（￥30），經過湯汁的浸泡，更顯河粉香滑，豬手肥而不膩。

▲碼頭附近設有少年兒童圖書館、戶外滑梯等，是小朋友樂園。

▲因公園處於中心軸線上，在園內的「花畔塔影」位置，能毫無遮擋直接看到廣州塔，配合春夏季花期，湖水倒影，景色絕美。

小貼士

濕地公園三期已在 2020 年完成建設，總佔地面積約 1,100 公頃。不過除海珠湖公園外，其他地方需要付費進入，門票為每人 ¥20，且需要在另一個地方入園，兩個區域並無連通，所以想同時遊玩這兩個地方的話就要注意了！

BIG 海珠灣藝術園區

地 廣州市海珠區瀝滘路 2 號
時 全天開放
交 地鐵 2 號線**南洲站**步行 1.7 公里，或乘網約車

這個創意園在海珠區很有名，園區內有大型牆繪、雕塑。不過要數最特別還是日落時分，可以一邊吹着江風，一邊欣賞落霞，整個環境寧靜舒適。

此外設有幾間 Cafe，下午茶來喝杯咖啡，跟朋友在園區內的造景拍拍玩玩，就像一個小型攝影基地。沿江還有露營風座位，非常 Chill！

➤ 晚上會有小吃攤擺檔，是散步消遣的好地方。只是交通上相對不便，如果經過附近，或者住宿在周邊，不妨一逛。

萬國奧特萊斯

地 廣州市海珠區前進路 40 號

時 週一至四及日 10:00~22:30、週五六 10:00~23:00

交 地鐵 2 號線**江南西站** E 出口步行 530 米

萬國是廣州最出名的 Outlet，緊鄰江南西商圈，地理位置十分方便。

基本上各種運動品牌折扣店都在這裏找得到，像大眾熟知的 Adidas、Nike、Puma、中國李寧等等，全部長期設有折扣，部分更低至 5 折就可以收入囊中。

從 B1 樓到 5 樓都是品牌店，6 樓是美食層，而 7 樓則是品牌 1 折特賣場。如果不追求新款，完全可以在 7 樓找到平靚正的心水好物！

商場環境大，想全部逛完應該要大半天時間。每逢節假日比較多人，建議不用專門過來，但在附近遊玩的話，可以順路看看。

江南大道 CityWalk

從江南西站到曉港站這段路，隱藏着很多街坊老店，同時近年也開了不少有趣小店，是年輕人喜歡週末「Walk－Walk」的街區。不同風格的 cafe、無人售貨的潮物商鋪、讓人回味無窮的甜品店等等，都讓這條路百花齊放。

YOOFIRE 有火

址 廣州市海珠區中馬路 44 號
時 週二至日 11:00~21:00
休 週一
交 地鐵 8 號線**曉港站** D 出口步行 390 米

在曉港這邊隨便逛逛，都能發現很多咖啡小店。這家店裝修十分吸睛，還未到店，就看到紅彤彤的外牆，十分適合拍照打卡！原本以為虛有其表，但進店發現，除了有各式特別的咖啡飲品和烘焙包點，還有售賣自家服飾品牌，風格獨特。

◀下午時分點杯咖啡，坐在窗邊發發呆，試試服裝拍拍照非常愜意。這杯**瑪格麗特（¥33）**是我喝過最特別的咖啡，裏面有魚露的鹹鮮味，平衡了咖啡的苦澀，上面的紫菜讓咖啡的賣相更添特別，但對味道的影響不大。

這頂帽子很好看，剛試戴就愛上了！質料和帽型都很特別！

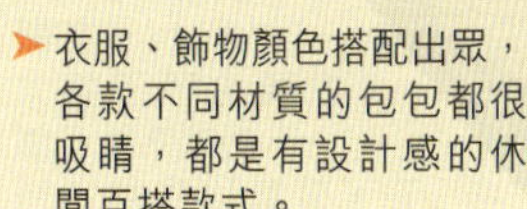

衣服、飾物顏色搭配出眾，各款不同材質的包包都很吸睛，都是有設計感的休閒百搭款式。

蘋果肉桂卷（¥12）入口超級香脆，肉桂味直衝口腔，不嗆喉，也不油膩，充滿蘋果甜甜香氣，是下午茶首選！留意店內各種麵包會不定期更換。

2023 年 7 月 OPEN

乜記

址 廣州市海珠區曉港西馬路 23 號 103
時 10:30~20:30
交 地鐵 8 號線曉港站 C 出口
消 人均 ¥30

有次經過發現這裏的食物好特別，而且店子小小的，就像街邊車仔檔搬進了街舖的感覺。老闆很熱情，介紹了很多自家製的特色招牌，能感覺到是用心經營。點單後即點即做，出餐的速度也很快！

肥牛雙醬意粉（¥29）也是招牌菜，肥牛肥而不膩，雖然薄身但味道濃郁，意粉的雙醬也各有風味，酸甜辣通通有齊，意粉不會太硬，看似簡單的做法味道卻如此豐富，可能這就是街邊小店帶來的驚喜吧！

吞拿魚蛋多士（¥13），老闆提醒拍照不要太久，不然等下就不脆了。事實證明拍完照還是很脆！中間的吞拿魚醬跟煎蛋十分柔軟，煎蛋有點焦邊，跟外層脆脆的多士是兩種不同的口感，焦香、蛋香混為一體，是下午茶的好選擇！

王牌牛筋丸（¥17）的特別之處在於自家製醬汁，酸甜辣味明顯，十分開胃，讓牛油味濃的牛筋丸瞬間解膩不少。

最特別是這杯沙士＋美式咖啡的混合飲品（沙士LongBlack¥12），淡淡的咖啡豆清香，沙士汽水讓咖啡香味昇華，氣泡入口後像爆炸糖一樣散開，完全沒想到兩者會如此搭，而且超級涼爽解暑！加上杯外的趣味標語，對這間店的印象又深刻了幾分！

Creamistery 奶迷

址 廣州市海珠區青蒲大街 106 號
時 週三至一 13:00~22:00
休 週二
交 地鐵 2 號線**江南西站** B 出口步行 320 米
消 人均 ¥52

我認為這間店是江南大道這邊驚喜最大的甜品店。位於街區的小巷子裏，雖然不是人來人往，但因為甜品出品好，味道特別，價格不高，所以有很多回頭客。環境走文青路線，點一杯美式咖啡、一件蛋糕，是朋友之間談天的好地方。

➤還記得第一次去吃這家的**提拉米蘇（¥42）**，忘不了那種酒香濃郁的口感，手指餅乾的香脆，更吸滿酒味及咖啡味，加上奶油的綿密，在口腔內不斷縈繞，可可粉增強了味覺的感染力，香而不過甜。

◀**紅茶橘子無花果泡芙（¥36）**，就像將柔軟的泡芙泡在紅茶裏，但依然保持乾爽的口感，包裹着的橘子清新甘甜，讓奶油濃而不膩。泡芙上的無花果也增添了獨有的果香，甜度比提拉米蘇還要低，配上一杯牛奶咖啡，就更完美了！

2024 年 5 月 OPEN

田仟仟

址 廣州市海珠區江南西路青鳳大街 18 號 101 舖
時 12:00~21:30
交 地鐵 2 號線**江南西站** B 出口步行 260 米
消 人均 ¥36

在這條不缺甜品店的青鳳大街，這家雪糕店的特別之處是，**所有口味都是茶味！**「一勺挖開茶園的快樂」就是這家店的 Slogan。一踏進店，店員就會超級熱情讓你免費試吃各種味道。

▼茶葉都是大有來頭，店內有廣州老字號金帆牌及茶葉協會的掛牌。

➤我喜歡的 3 種口味分別是：荔枝紅茶、蜜桃映雪、百芒仟悅，其中荔枝紅茶的味道特別香濃，甜甜的荔枝味和紅茶的清香相得益彰。蜜桃映雪不甜膩，充滿蜜桃汁的香氣。百芒仟悅則是百香果和芒果的搭配，味道清爽，口感綿密順滑，夏天值得來一口！

2024 年 3 月 OPEN

圍苑飯堂（江南西店）

址 廣州市海珠區江南西路紫金大街 20 號之 5
時 07:30~20:30
交 地鐵 2 號線**江南西站** B 出口步行 260 米
消 人均 ￥40

號稱是佛山的排隊王茶餐廳，很多食客都給予不錯的評價，現在終於開到來廣州的江南西。店內環境不大，吃飯時間多數大排長龍，下午茶時間過來比較適合。

▲因為即點即做，等餐平均要十多分鐘，但味道能證明等待是值得的。為了吃它的**咖啡蛋撻**，我一定會再來。

▲當然普通的**牛奶蛋撻（￥7）**也一樣美味，牛奶香滑嫩口，就像布甸一樣。

▲這間茶餐廳最出名的就是**咖啡蛋撻（￥8）**，簡直就是可以吃的咖啡、可以喝的蛋撻！蛋芯非常嫩滑，咖啡味香濃，就像在喝現磨咖啡；酥皮酥脆，輕輕一碰就碎掉，入口即化，完全沒有渣。味道平衡得很好，不會過甜。

2024 年 3 月 OPEN

笨蛋節奏・音樂便利店

址 廣州市海珠區曉港中馬路 10 號 106

時 週三至一 14:00~00:00

休 週二

交 地鐵 8 號線**曉港地鐵站** D 出口

主打早 C 晚 A（早上咖啡晚上酒精）的飲品店，此外店內有很多懷舊錄音帶和黑膠唱片，如果想聽一下，可以請店員代勞。

◀店內擺滿黑膠碟及卡式帶，配備可使用的唱碟機，喜歡聽歌的朋友可以在這裏泡上一整天。

▲特別喜歡坐在這個位置，翻翻雜誌，再喝杯茶，都市人的週末就這麼簡單！

▲這裏的飲品都很特別，**山楂斑斕檸檬茶（¥28）**，斑斕的香味完全滲入了檸檬茶，味道清新，檸檬的酸味和山楂互不打擾，微酸中帶點甜，是十分適合盛夏喝的飲品。

茶豆柑 · 綠植 Café

址 廣州市海珠區紫龍大街 41 號 104 舖
時 11:00~21:00
交 地鐵 2 號線江南西站 B 出口步行 450 米
消 人均 ¥60

位於江南西的一間寶藏小店，第一次知道是因為奧運跳水冠軍全紅嬋在這裏喝過下午茶，加上這是寵物友好店，店內還有一隻可愛的小柴犬。環境潔淨明亮，是吃午飯或者下午茶的好地方。

◄ 烤巧克力威士卡（¥38）真的非常好喝！濃烈的朱古力，加上微醺的威士忌（喜歡酒味濃一點可叫店員多加），搭配表面烤至焦化的棉花糖，三重衝擊之下濃香至極，冬日喝上一杯感覺更棒！

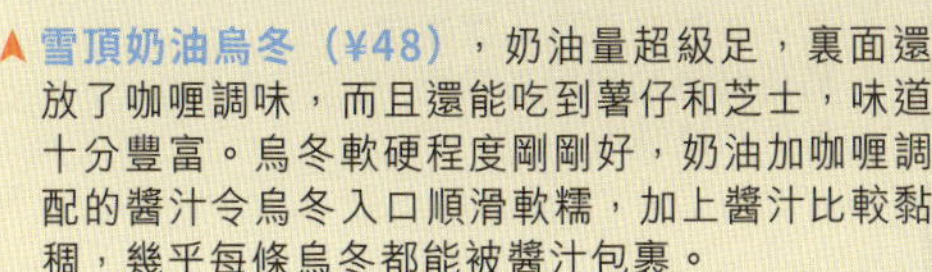

▲ 雪頂奶油烏冬（¥48），奶油量超級足，裏面還放了咖喱調味，而且還能吃到薯仔和芝士，味道十分豐富。烏冬軟硬程度剛剛好，奶油加咖喱調配的醬汁令烏冬入口順滑軟糯，加上醬汁比較黏稠，幾乎每條烏冬都能被醬汁包裹。

▲ 香煎三文魚茶泡飯（¥48），這裏的「茶」有明顯的昆布鰹魚香味，將「茶」倒進米飯之中，香味呼之欲出。三文魚厚實大件，表面煎至稍微焦黃色，口感焦嫩，滲出的魚油美味香濃。每口泡飯搭配三文魚及少許柴魚，清香又好味！漬過的溏心蛋裏面流心，夠香口！

2023 年 4 月 OPEN

好面膳

址 廣州市海珠區江南西路紫丹大街 50 號自編之 8 號
時 07:30~21:30
交 地鐵 2 號線江南西站 D 出口步行 510 米
消 人均 ¥30

雖然開業不久，但低廉的價格和不錯的口味，讓它成為飯市的熱門選擇。而且 60 歲以上長者還有 7 折優惠，簡直是附近街坊的飯堂。

有粗麵當然也有雲吞麵，鮮蝦豬肉雲吞麵 + 檸檬茶（¥17.99），湯頭味道鹹香，有淡淡大地魚香氣，麵身爽口，是傳統的味道，建議加浙醋一起吃，更加清爽。

薑葱豬肝撈麵 + 檸檬茶（¥24.99），豬肝以椰子油煎成金黃，吃起來有淡淡椰子味，豬肝超級嫩滑，十分油潤有光澤，中間還是剛熟的狀態，口感焦香有肉汁。吃粗麵之前加點清湯攪拌開，麵條帶韌性，是一種市井的美味。

奇趣博物館

址 廣州市海珠區穗花二巷 6 號 -108
時 13:30~21:30
交 地鐵 2 號線江南西站 C 出口步行 360m

人氣爆棚的即影即有、大頭貼店鋪。這裏的裝飾物超多，還有多款中古服飾可租借拍照或者購買，就連玩具也有中古款式！

不同時節有不同的卡通主題，例如萬聖節、聖誕節等等，提供多款應節道具，非常有氣氛。建議穿顏色鮮艷的衣服去拍照，就更加搶鏡啦！

芝麻藝術商店

址 廣州市海珠區曉港西馬路 25 號 101 舖
時 13:00~21:00
交 地鐵 8 號線**曉港站** C 口步行 90 米

曉港街區一帶有很多這種小商店，大部分下午 1 點後才開門。這間店除了有不少小眾設計師的作品，還有可愛的小文具，包括日曆、明信片、耳飾、帆布包等等。

◀ 陶瓷製成的戒指也很特別，動物圖案讓人愛不釋手，在其他藝術商店比較少見。

慢慢商店

址 廣州市海珠區昌崗街道曉港中馬路 2 號 104-2
時 週一至五 11:30~21:30、週六日 11:00~ 22:00
交 地鐵 8 號線**曉港地鐵站** D 出口步行 60 米

可愛的無人售賣商店，裏面有各種潮物、服飾、包包、家居用品等等，完全可以沉浸在無人干擾的環境中，是社恐人士的購物天堂！

▼ 像左上角這種雜物收納袋幾十元就有交易，給家裏增添一絲快樂！

▼ 店內有一隻可愛的貓店長！

知缶

址 廣州市海珠區江南西穗花新村一巷 8 號 102 舖

時 週一、六、日 14:00~21:00

休 週二至五

交 地鐵 2 號線**江南西站** C 出口步行 220 米

居民區樓下的小商店，賣的都是精緻手作器物製品。可惜一週只營業 3 天，想來看的朋友千萬不要跑空了！

2023 年 6 月 OPEN

嘻豬麵包

址 廣州市海珠區青鳳大街 2 號

時 週二至日 12:00~21:00

休 週一

交 地鐵 2 號線**江南西站** B 出口附近，江南西路與青鳳大街交叉口 60m

消 人均 ¥24

這間小小的店舖有着非常可愛的名字，主打歐式麵包，麵包外形各異，餡料口味比較年輕化，多是芝士、乳酪，外加各種水果組合而成。

◀雖然 2023 年才開業，但已累積不少粉絲，我下午進店的時候，還不斷有客人來光顧，於是我也購入一些試試。**芝士三重奏 (¥15)** 很好吃，裏面塞滿芝士，強烈推薦給芝士愛好者！

2023 年 4 月 OPEN

普通商店

址 廣州市海珠區昌崗街道細崗東三街自編 05 號
時 週三至日 14:00~20:00
休 週一、二
交 地鐵 8 號線曉港站 C 出口步行 400 米

一間賣中古服飾的小店，店門口的斜坡是網紅打卡點。這一帶是舊民居社區，生活氣息很重，而這間店就開在民居 1 樓，風格新穎，跟旁邊的建築物有強烈對比，有種舊物新改的感覺。店內有很多大牌衣服，對中古服飾感興趣可以逛逛。

Oasis Gallery（綠洲畫廊）

址 廣州市海珠區昌崗東路 280 號 101 之三
交 地鐵 8 號線曉港站 D 出口步行 70 米

小店門面並不顯眼，門口擺滿很流行的穿戴美甲，進去才發現原來內有乾坤！大大小小幾十幅風格各異的油畫放滿細小的空間，但環境十分明亮，能感受到店主的精心佈置，四周充滿濃厚的藝術氛圍。

如果看到喜歡的，這裏的每幅油畫都可以買回家！

太古倉

地 廣州市海珠區革新路 124 號
交 地鐵 8 號線**沙園站** A 出口步行 1.1 公里

位於革新路的太古倉初建於 1906 年，顧名思義，前身是當時亞洲最大的倉庫碼頭，近年經過活化和改造，現已成為觀景別緻的酒吧街。

此外還有各種音樂酒吧、餐吧、戲院、打卡點等等，在傍晚時分來到，待夜幕徐徐降臨，特別有氛圍感！不過週末或假日人比較多，如果要來這邊參與小型演唱會、音樂餐吧等，建議做好時間安排來享受繽紛的晚上時光。

▲晚上燈紅酒綠，碼頭還有珠江夜遊服務，沿途會經過廣州各個地標。

➤附近有遊艇租借服務，可以用作聚會、活動等。

地膽帶路海珠遊

天成川菜

址 廣州市海珠區江南大道中 332 號（近禮崗路）
時 11:00~22:30
交 地鐵 2 或 8 號線昌崗站 C2 出口步行 50 米
消 人均 ¥83

在廣州有幾間分店，位於昌崗這間已屬老店，每天人龍不絕。味道正宗、好吃不貴是老饕對它的評價。

◀ 酸菜鱸魚（¥118）是必吃菜式！分量很大，辣味足同時夠麻，酸菜酸味夠，讓味道更豐富，完全可以吃下兩碗飯。魚肉十分嫩滑，但有少量嫩刺，吃的時候要小心。

▼ 川味熗炒手撕包菜（¥38），個人覺得油味稍重，但鑊氣十足，每口都是香脆！

◀ 擔擔麵（¥20）可以選辣度，對不能吃辣人士十分友好，不過就算微辣還是挺重的。跟之前在重慶試過的擔擔麵味道非常相似，很有驚喜。麵條韌性十足也順滑，分量挺多，可以分享來吃。

▲ 蒜泥白肉（¥38）雖然以肥肉為主，但入口竟然很清爽，秘訣是肉和肉中間夾着薄薄一片生青瓜，加上濃郁的蒜香味，和墊底的香辣醬汁，甜冷辣脆，開胃又解膩，是每桌必點的美食。

地膽帶路海珠遊

新興家喻酒家

址 廣州市海珠區昌崗中路 166 號中旅僑苑 A1 幢 1-3 樓
時 08:00~14:30、17:00~22:00
交 地鐵 2 或 8 號線**昌崗站**出口步行 470 米
費 人均 ¥83

廣州有很多開業多年的老酒家，這家的特別之處是**以羊肉菜式作主打**。除此以外，也有多款經典粵菜選擇，包括點心、海鮮、燒臘等等。一進門就看到店家展示的各種獎項，證明是經得起考驗的美味好店。

▼**脆皮果仁羊扒（¥68）**，吃起來竟然有點像 Pizza！表面鋪滿果仁粒又香又脆，夾在中間薄薄的羊扒羊味很濃。

▼**玫瑰乾熖鹽池羊（¥128）**，味道稍重，但羊肉非常軟滑，沒有一絲羶味，同時玫瑰和鹽味也很明顯。上菜時會在食客前先乾熖一下，傳出的香味連鄰桌都要馬上下單要一份！

◀**羊肉煎餃（¥39）**外皮煎得金黃酥脆，內餡鮮嫩多汁，每一口都充滿羊油的香氣。煎餃底部夠焦脆，一口咬下去會發出脆脆的聲音，口感層次豐富，非常美味！

▲**酥皮焗羊奶（¥23）**，外層的酥皮呈現出金黃色的酥脆口感，有淡淡的牛油香氣。內裏不單止有濃郁奶香還有微微鹹味。整體既有羊奶的醇厚，又有酥皮的層次感，推薦給喜歡嚐新的朋友。

地膽帶路海珠遊

銀座餐廳

址 廣州市海珠區昌崗中路 125 號 B1 樓
時 11:00~14:00、17:00~00:00
交 地鐵 8 號線**寶崗大道站** A 出口步行 20 米
費 人均 ¥71

這間銀座餐廳，對我一個在海珠區長大的朋友來説簡直是飯堂。環境貼地，菜式用料也家常，但出品深受街坊喜愛，每逢飯市都要等位。在朋友的強烈推薦下，我也吃過幾次，確實味道吸引，而且價格平易近人，難怪可以在這邊屹立多年。

▲ 除了在這裏介紹的幾道菜式，也推薦鐵板果汁豬扒及鐵板焗魚腸。

▲ **怪味大腸（¥52）** 可説是到店必點！大腸處理得乾淨無異味，熟度剛剛好，質感軟糯，再蘸上靈魂醬汁，味道酸甜，還有點鹹香味和微微嗆口的辣味，非常好下飯！

▲ 環境稍為簡陋，滿座時可能比較嘈吵。

◀ **鵝汁菜花（¥32）** 醬汁味道特別，鹹鹹辣辣夠惹味，而且很有鑊氣！是除了怪味大腸以外，最期待的簡單小菜。

▲ **葱油雞（¥49）**，廣東人無雞不成宴，基本上每家粵菜餐廳都有一道「招牌雞」。這裏將燒熱的葱段淋到雞肉上面，不僅讓雞肉吸收了葱香味，還讓雞皮更爽口彈牙，果然皮脆肉嫩！

漁意如意

址 廣州市海珠區東曉路雅墩街 1 號
時 11:00~14:00、17:00~22:00
交 地鐵 8 號線曉港站 A 出口步行 850 米
費 人均 ￥121

相信大家就算未吃過，都應該聽過「順德魚生」，這家店的招牌菜就是「金鯛刺身」。環境較為普通，但開業多年，喜歡吃順德魚生的人都應該曾光顧。除了魚生，還有各種海鮮菜式和粵式小菜，可說是老少鹹宜的餐廳。

▲ 圖為海珠路店，另一間分店位於越秀區建設六馬路凱賓斯酒店二樓，從地鐵淘金站 A 出口走 590 米即達。

◀▲ 金鯛刺身（￥88 / 斤），基本上來這裏的食客就是為了這一味！魚肉晶瑩剔透，在店員講解和示範食用方式後，就可以根據自己口味調配喜歡的味道、口感等等。調料方面有花生油、豉油、鹽、芥末、芝麻等，搭配的九款配料有檸檬葉、炒花生、香芋絲、洋葱、薑絲、野生椒、蒜絲、葱絲等等。首次食用推薦最簡單的搭配，就是花生油 + 食鹽。口感很特別，跟平時吃的日式刺身完全不同，魚肉軟軟的，非常鮮味，配料酥脆爽口，是一種吃不膩的清爽。

▼ 魚肉呈半透明，很像剝了殼的荔枝肉。

▲ 原來配米飯同吃更香。

▲ 冰鎮紅酒鵝肝（¥98 半份 / ¥188 份），鵝肝搭配蘋果片一起吃，脆爽、嫩滑、香濃，入口即化，完全不輸鮮味的鯛魚！

▲ 金鯛頭尾骨滾芥菜豆腐湯（¥18）十分鮮甜，魚味濃，配上嫩滑豆腐，讓這頓飯鮮上加鮮。

地膽帶路海珠遊

黃埔古港

址 廣州市海珠區石基村路

交 地鐵 4 或 8 號線萬勝圍站 B 出口，轉乘 229 或旅遊 3 線巴士

黃埔古港雖然叫「黃埔」，卻位處海珠區。海上絲綢之路的發祥地是廣州，而在乾隆年間「一口通商」的時期，這裏是對外商船的唯一停靠港口，維持長達 85 年。近年這片地方慢慢演變為廣州其中一個打卡熱點，氣氛熱鬧。

▲ 有幾個景點特別推薦給第一次來黃埔古港的朋友參觀，包括古港遺址處、粵海第一關紀念館都可以免費參觀，館內展示了廣州海上絲綢之路的歷史。時：週二至六 09:00~17:00，休：週一。

▲ 此外還有哥德堡紀念雕塑、闊闊真公主號仿古船、北帝廟、各個宗祠等。雖然黃埔村範圍不大，但仍保留傳統的嶺南水鄉氛圍，很值得走走，感受這篇土地的歷史和人文氣息。

▼「貓記柴火艇仔粥」獲得多個美食獎項，價廉物美，是非常有名的小吃店。

▲黃埔村內還有不少傳統美食，例如「古港奶婆薑撞奶」，**薑撞奶(¥9)** 現場即沖即撞，質感嫩滑，薑味十足。還有我最愛的**紅豆雙皮奶(¥11)**，又香又滑，奶味濃烈，配上綿密起沙的紅豆，好吃到不得了！

▲「明志雞仔餅」售賣傳統小吃雞仔餅，標榜有老成珠酒樓的配方，很多人都會專程來買。

◀如果走膩了繁華熱鬧的城區，可以逛逛黃埔古港，感受一下水鄉情懷，品嚐樸素美食，加上這邊大部分景點食店都不需要預約、不需要門票，方便遊客。

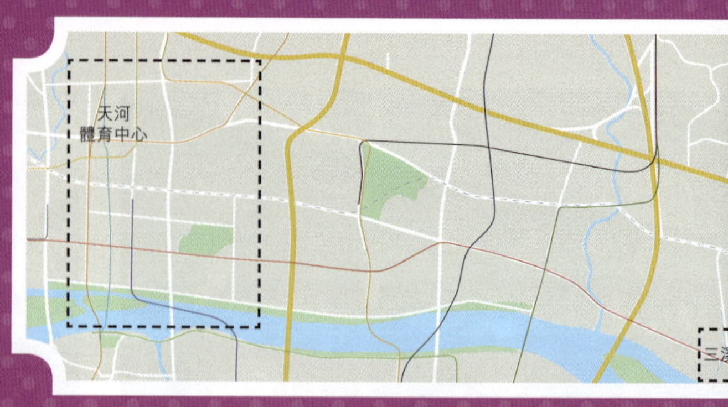

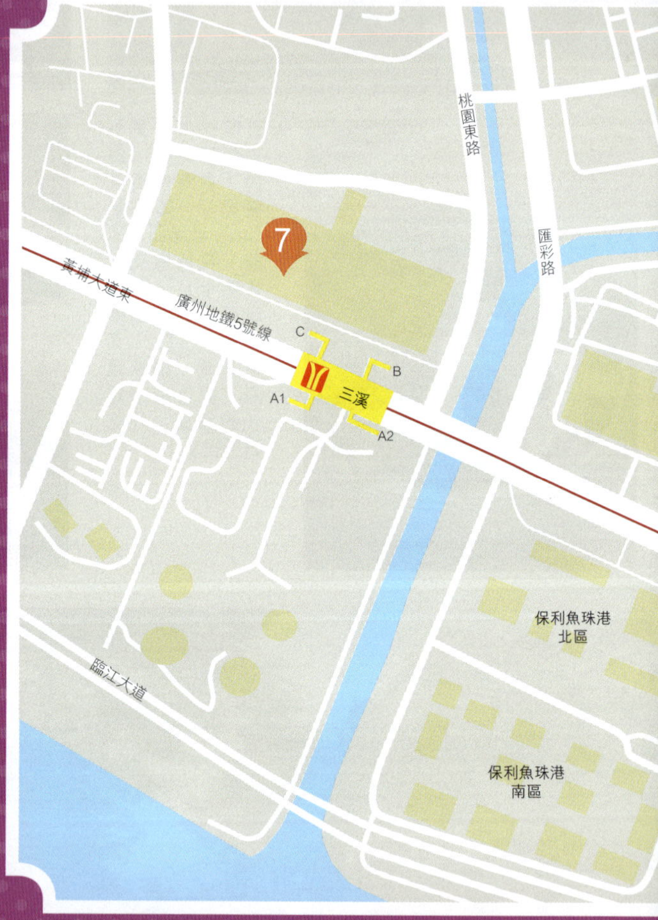

天河區是廣州近二十年更新及建設最快的地區，其中珠江新城是廣州最新的 CBD（中央商務區）。2010 年廣州曾舉辦亞運會，所以從海心沙連結廣州塔往南的地方，就是廣州的新中軸線（舊中軸線位於越秀公園五羊雕塑附近）。天河區不但有絢麗的夜景、大型地標性建築，還有很多貼地的街巷和美食，如果想體驗廣州最新最潮的事物，來這裏就沒錯啦！

天河區景點

1. 布萊恩公園 Bryant Park
2. 余時冰室
3. 富士山 55
4. COLINMINT 簡悅廚
5. 真打拉麵
6. HEU GAH 湖鴿咖啡（天河南店）
7. 美林 M・LIVE 天地
8. 大同酒家
9. 巴扎美食
10. 天環廣場
11. 天河城
12. 時尚天河商業廣場
13. 正佳廣場
14. 花城廣場
15. 廣東省博物館
16. 海心沙
17. 海心橋

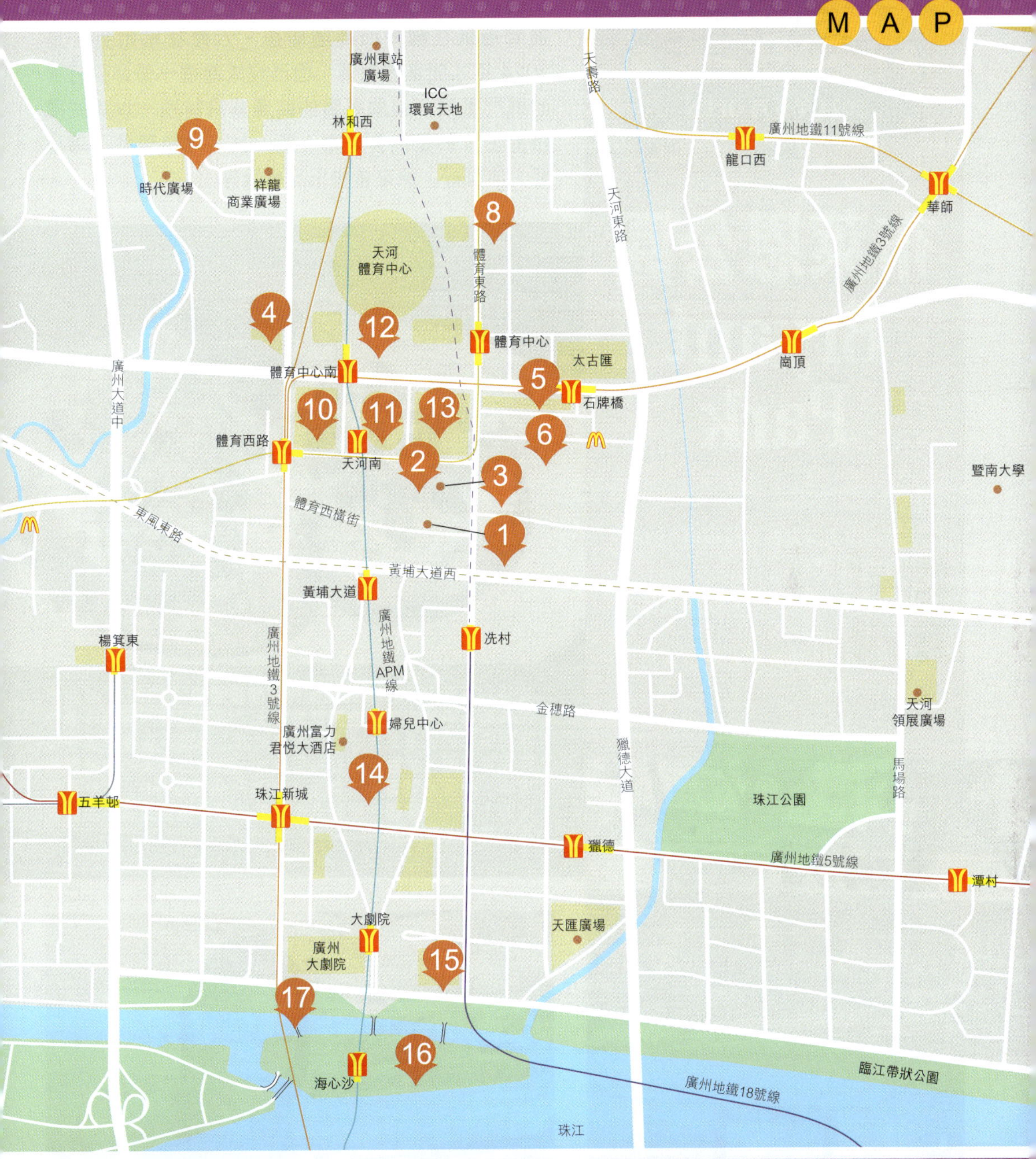

天河區交通

地鐵：

天河區地鐵線路較多，熱門商圈及景點集中在 1 號、3 號、5 號線上。3 號線北延段可直接到達廣州白雲機場。

高鐵：

至廣州南站，轉乘地鐵 7 號線到漢溪長隆站再換乘 3 號線，或轉乘 2 號線到公園前站再換乘 1 號線。

直通巴士：

可以優先考慮在正佳廣場周邊（近體育中心、天河南地鐵站）下車，如果想去山姆可以在美林 M · LIVE 天地（近三溪地鐵站）下車。

布萊恩公園 Bryant Park

地 廣州市天河區體育西橫街 181 號自編 05 號鋪

時 週一至四 11:30~21:30、週五至日 11:30~22:30

交 地鐵 APM 線**黃埔大道站** A 出口步行 530m

費 人均 ￥108

這間店就在體育西商圈周邊、六運社區附近，是 2024 年才開業的餐廳，但已經成為這一帶必到打卡的熱門餐廳。這間餐廳的裝潢非常特別，以美式風格為主，於是抱着好奇心態一試，才發現除了環境好、氛圍好，原來食物出品也很好！

▲ 我特別喜愛 **Ricotta 乳酪配蜂蜜酸種麵包（¥52）**，酸甜多汁的藍莓平鋪在乾脆的酸種麵包上，中間還有一層奶味濃郁味道清甜的乳清芝士，記得吃之前淋上蜂蜜，各種味道在口腔完美交匯，果香、奶香相互融合，蜜糖為清淡的酸種麵包增味，簡直是味蕾的大滿足！作為一個 Brunch，完全是滿分的！另一片酸麵包則鋪滿牛油果，就像麵包塗滿牛油的香濃口感，十分綿密！

炙烤安格斯牛柳扒佐星洲烤醬，炒百合（¥188），建議選 7 成熟，因為菜品上桌時還是十分滾燙，店員介紹如果覺得肉不夠熟，還可以自己稍微烤一下。切開發現肉質鮮嫩，柔軟有肉汁，雖然只是簡單調味，但使肉香更為呼之欲出！配上星洲烤醬及炒百合，味道更多元化，果然必點！

香草漬烤鵪鶉及鵪鶉蛋（¥42），平常較少吃到烤鵪鶉，味道有驚喜，香草味很出眾，烤得入味，就連骨頭都脆脆的很惹味，有種在吃加小版乳鴿的感覺。鵪鶉肉質很緊實、多汁，搭配的鵪鶉蛋也非常香口！

Kirkland 野花蜂蜜青檸氣泡水（¥56）、熬製混合莓醬氣泡水（¥56），兩杯都是較為清新的飲品，在夏天的時候坐在戶外喝一杯，相當解膩清爽～

熟金槍魚塔塔及威士卡醬漬溏心蛋（¥38），吞拿魚（金槍魚）和溏心蛋兩者雖然味道濃烈，但將僅熟的蛋黃跟魚肉混合，也算是創新吃法，且伴有番茄粒和稍微炸過的紫蘇葉，味道豐富有層次，吃完不會覺得膩。

余時冰室

地 廣州市天河區天河南一路 106 號

時 13:00~22:30

交 地鐵 APM 線**天河南站** A 出口步行 270m

費 人均 ¥30

主打用各種新鮮水果 + 不同口味的牛奶冰融合出新口味的創意刨冰店，是我最喜歡的甜品店之一！特別在夏天的時候，炎熱的天氣配上鋪滿水果的綿綿牛奶冰，簡直是解暑神器！

▲ 基本上吃過的冰都沒有踩雷，不過我特別喜歡**海鹽芝士香印青提（¥32）**，青提大顆清甜，綿滑的牛奶冰就像正在融化的雪糕，在舌尖上慢慢化成水，而且甜度不高，一點都不膩。表面還有一層鹹奶油，讓味道更豐富，最後再吃一口雲呢拿雪糕，可以說簡單一碗刨冰，已包含幾種甜品，分量夠大，足夠兩人分享。

▲ 偶爾還有打卡送配料的活動，更滿足！

富士山55

地 廣州市天河區天河南一路六運三街25號101（俐盈韓國料理側）
時 11:30~21:30
交 地鐵APM線**天河南站**A出口步行400m
費 人均 ¥60

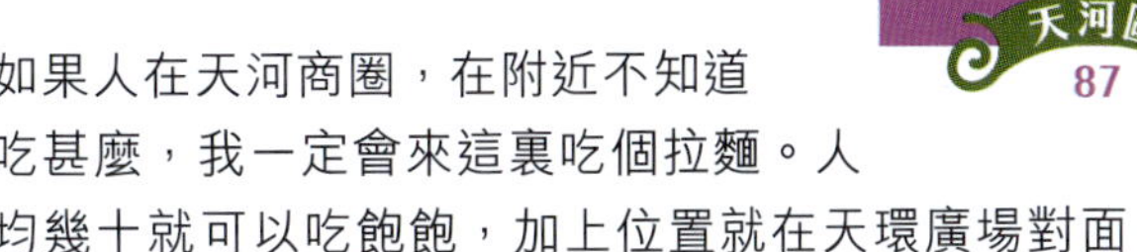

如果人在天河商圈，在附近不知道吃甚麼，我一定會來這裏吃個拉麵。人均幾十就可以吃飽飽，加上位置就在天環廣場對面的六運社區內，十分方便。

濃厚豚骨魚介沾麵（¥52）是店內人氣TOP 1！上桌時有撲鼻的柴魚香氣。將麵條蘸點湯汁，湯汁顏色很深，味道偏濃卻不會很膩口。食客可根據喜好選擇麵條的軟硬度。

這個半熟蛋實在太好吃了，加上濃郁的沾汁，每次必吃！

如購買套餐更加划算，一碗沾麵＋一碗拉麵，或兩個沾麵，還有小吃和飲品，一共¥128，CP值高！

COLINMINT 簡悅廚

地 廣州市天河區體育西路 101 號維多利廣場 5 樓 505 單元

時 11:30~14:00、17:00~21:30

交 地鐵 1 或 3 號線**體育西路站** E 出口步行 320m

費 人均 ¥99

簡悅廚在廣州有很多分店，是屬於味道、環境都不錯的簡餐店，特別適合下午茶和平時小聚一下。人均不過百，出品、擺盤都精緻，就算是一人來吃也很不錯。

▲ **Umami 梅子魚腸醬鮮貝扁麵（¥65）**，口味創新，梅子魚腸醬酸中帶甜，醬汁均勻地掛滿每條意粉，不會膩口，十分美味。

◀ **總匯三文治（¥49）**是我每次來都會點的招牌！剛上桌時呈黑色的麵包還是熱騰騰，質感鬆軟，裏面的餡料也很豐富，分量較大，適合和朋友分享。

▲ **巴馬臣乳酪粗薯條（¥35）**，剛炸好的薯條外脆內軟，表面灑滿芝士和酸甜醬汁，但更推薦蘸點蜂蜜芥末醬，是絕佳的小吃！

▲ **雪梨桂花茶壺（¥29）**及**奇亞籽氣泡（¥25）**，店家的飲品基本都較為清爽。

真打拉麵

地 廣州市天河區天河路 230 號萬菱匯廣場 B1 樓 72-2 舖

時 11:30~21:30

交 地鐵 3 號線**石牌橋站** A 出口步行 210m

費 人均 ¥66

我真的很喜歡吃拉麵，這家店我是從舊店吃到新店。舊店同樣位於天河區，就在六運街那邊，但店面比較小，位置不多，飯市時都要等位。所以開了新店之後，基本上都會來新店吃啦！

這裏的拉麵款式不多，以泡泡系、海貝系、辣味噌系、拌麵系分類，我全都吃過了，覺得都很有特色，很美味！

▲ 我最喜歡就是**泡泡系雞白湯拉麵（¥50）**。先喝一口湯，味道非常濃郁，滿嘴都是雞湯香味，質感濃稠，呈奶白色，表面有輕微泡泡，稍微有點厚重但不覺得肥膩。湯底可選擇清淡或濃厚、醬油或鹽味、普通鹹或日式鹹，十分人性化。配料有雞胸、藕片、小粟米、西蘭花、叉燒、溏心蛋等，麵條有輕微鹼水味，帶有勁道。

◀ 另一款**黃金海貝汁清湯拉麵（¥50）**相對清淡，湯頭清甜，有明顯的海鮮香味，跟雞湯拉麵完全是截然不同的風味，推薦給不愛濃烈奶油感湯底的朋友。配上剛熟的流心溏心蛋，絕對好吃！

HEU GAH 湖鴿咖啡（天河南店）

地 廣州市天河區六運七街五號 101
時 11:00~19:00
交 地鐵 3 號線**石牌橋站** A 出口步行 440m
費 人均 ¥35

我實在太喜歡這間店了！從它在白雲區營業的時候，已經一直有光顧。

雖然店小小，但坐在路邊呷咖啡感覺很愜意，特別在陽光和煦的下午，感覺很舒服。

▲ 特別推薦這杯 **Dirty**，是深度烘焙，油脂豐富，拿在手上已經聞到濃郁的咖啡香味，還有輕微的水果香氣，整體味道怡人濃厚。

美林 M・LIVE 天地

地 廣州市天河區黃埔大道東 663 號
時 週一至四及日 10:00~22:00、週五六 10:00~22:30
交 地鐵 5 號線**三溪站** B、C 出口

美林 M・LIVE 天地於 2019 年開業，人氣持續有增無減。除了因為地處天河、黃埔兩區交界，還因為廣州唯二的**山姆會員店**和**宜家家居**都位於此。此外還有兩小時免費泊車，平日下午可能會出現車位緊張的情況，節假日更是一位難求，如自駕遊建議避開假日高峰前往。

山姆超市內同樣人山人海，商場餐飲選擇也多，購物後可以順帶在此用餐。

◀ 山姆超市。

大同酒家

地 廣州市天河區體育東路 138 號金利來大廈 5 樓
時 10:00~14:30、17:30~21:30
交 地鐵 1 號線**體育中心站** B 出口步行 330m
費 人均 ¥93

有別於廣州酒家、陶陶居這些為人熟知的酒家，大同酒家雖然被稱為「廣州三大酒家」之一，但在 2016 年因經營不善而停業，當時已是有 80 年歷史，及後於 2018 年重新開業。

▲ 店家的招牌是**雞蛋撻（¥13）**，以色香味俱全而聞名，基本上是每桌必點。新鮮出爐十分誘人，蛋味濃郁，口感又香又滑，酥皮夠香脆，吃一個真的會意猶未盡。

▲ 另一招牌是**大同脆皮雞（¥68）**，表皮超級脆口，皮下脂肪比較多，吃起來有 Q 嫩的口感，香味十足！加上酸甜醬汁，味道更豐富，不容易吃膩，不愧是傳承多年的正宗粵菜。

▲ 一桌都是現炒菜式，喜歡粵菜的朋友一定要來試試。大眾點評網設有團購套餐，菜式分量不少，飽腹感滿滿！

◀ 這裏的啫啫煲也不錯，**啫啫黃鱔（¥128）**非常夠鑊氣，黃鱔外皮乾身，吃起來帶點焦香，下的配料也多，風味十足。

巴扎美食

址 廣州市天河區天河北路 76 號新疆大廈 2-4 樓
時 11:00~14:00、17:00~21:30
交 地鐵 3 號線**林和西站** B 出口步行 500m
費 人均 ¥85

位於新疆大廈 2 樓，據説已屹立超過 20 年，質素自有保證，即使新年去喝早茶都人頭湧湧。其實這裏是正宗新疆菜餐廳，但特別之處是在早茶時間會**將清真的飲食習慣和廣式飲茶融合**，對於喜愛吃羊肉的朋友來説，就可以吃到有別於尋常的點心。

▲ **新疆香滑優酪乳糕**是我最喜歡的點心之一，它的外形就像長方形的布甸。入口即化的質感伴隨着奶香味，表面鋪滿椰絲增添香氣和口感，忍不住一口接一口！

▲ **鮮蝦雞粒燒賣皇（精點）**，沒想到雞肉和燒賣竟然這麼相配，味道鮮而不淡，雞肉有嚼勁，沒有肥膩的感覺。

▲ **金蒜豉汁羔羊排（¥33）**，用上蒸排骨的做法，羊肉一點也不膻，簡單的豉汁竟然讓羊肉味更香，醬汁濃郁鹹鮮，掛滿每塊排骨的表面，雖然味道稍微偏重，但配上一杯茶，確實解膩不少，可以多吃兩塊！

▲ **黑椒燒汁牛仔骨（¥33）**，名字聽起來有點像西餐，但用中式器皿盛載就像尋常的蒸排骨，黑椒味香，牛肉也夠滑，非常入味。

天河區好吃好逛

天河路商圈是廣州最大、最核心的商圈之一，西起天河立交，東至崗頂。

其中較多人熟知的天環廣場、正佳廣場、太古匯都位於天河路沿路，還有維多利廣場、廣百百貨、天河城、萬菱匯等十多個大型商場。這裏也是眾多知名品牌進駐廣州的首店或旗艦店的首選商圈。

天環廣場

址 廣州市天河區天河路 218 號（正佳廣場西門對面）
時 週一至四及日 10:00~22:00、週五六 10:00~22:30
交 地鐵 1 或 3 號線**體育西路站** C 出口步行約 300 米，或 **APM 線天河南站** A 出口。周邊公車站有體育中心站。

天環廣場位於廣州中軸線上，最特別是商場兩邊的建築恍如雙魚的造型環抱着中間的下沉式大廣場。廣場上經常舉辦不同活動及展覽。

商場定位較為高端，不少品牌如 Apple Store、Penhaligon's、BIRKENSTOCK 的廣州首店，及 GENTLE MONSTER 旗艦店也落戶於此。同場還有部分品牌的特色店，例如喜茶 Lab、blackhead 等等。

天河城

址 廣州市天河區天河路 208 號
時 週一至四及日 10:00~22:00、週五六 10:00~22:30
交 地鐵 1 或 3 號線**體育西路站** C 出口。周邊公車站有體育中心站、天河城站。

天河城是整個商圈中比較早期發展的購物商場，由 1996 年開業至今。不過內部經過不停的翻新改造，整體環境仍然非常舒適。

地面層匯聚了眾多化妝、護膚品牌，3~5 樓有天河城百貨，涵蓋了大部分經典時裝品牌，6~7 樓則以餐飲為主。商場中庭平日常設有不同主題的打卡活動。

時尚天河商業廣場

址 廣州市天河區天河路 299 號
時 週一至四及日 10:00~22:00、週五六 10:00~22:30
交 地鐵 1 號線**體育中心站** D3 出口

時尚天河商業廣場在近年進行了翻新改造。目前在靠近地鐵入口的區域，改造成主打體育運動體驗的型動街區，涵蓋滑雪、滑板、射箭、卡丁車等項目。

商舖種類也十分豐富，各種潮流玩意、個性服飾、飲品小吃應有盡有。商場內部空間非常大，稍不注意就非常容易迷路，也因此被廣州人戲稱「時尚迷宮」。

➤ 商場內部造景裝潢非常特別走懷舊風，打卡一流。

正佳廣場

址 廣州市天河區天河路 228 號
時 週一至四及日 10:00~22:00、週五六 10:00~22:30
交 地鐵 1 號線**體育中心站** D3 出口。周邊公車站有體育中心站、體育東路站

正佳廣場是廣州市中心內餐飲、購物、娛樂最豐富的商場，同時也是整個華南地區唯一一個商貿型 4A 級旅遊景區。

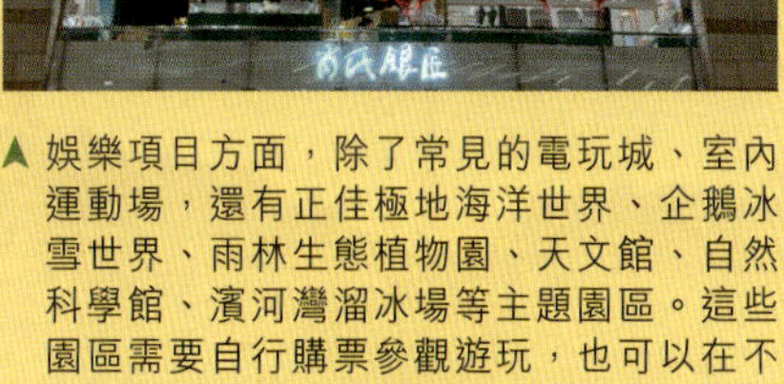

▲ 娛樂項目方面，除了常見的電玩城、室內運動場，還有正佳極地海洋世界、企鵝冰雪世界、雨林生態植物園、天文館、自然科學館、濱河灣溜冰場等主題園區。這些園區需要自行購票參觀遊玩，也可以在不同旅遊網上選購多項套票，相對划算一些。

◀ 餐飲的選擇也非常多，共有約 180 間食店，涵蓋奶茶咖啡、甜品小吃、火鍋燒烤自助餐、美食廣場等。

▶ 在 4 樓的中庭位置，經常有不同主題的快閃店，多以動漫聯動為主，例如伊藤潤二、線條小狗、ONE PIECE 等等。

▲ 購物方面，服裝品牌 UR 的旗艦店正位於此，足足有 3 層之多，目前是廣州最大分店。2 樓還有廣州友誼商店（正佳店）。另外我常去的 Hi 百貨就在 4 樓中庭旁邊，裏面有很多有趣的手工藝品、數碼產品、文具玩具。

花城廣場

在廣州中軸線上的花城廣場是不少遊客必打卡的地方，也是廣州市內最大的廣場。南北縱向的跨度非常大，超過 1.5 公里。地鐵 APM 線貫穿整個花城廣場，由南到北分別設有大劇院站、花城大道站、婦兒中心站、黃埔大道站。其中大劇院站位於廣州圖書館新館、廣州大劇院及廣東省博物館新館之間。

▲ 廣州圖書館的外觀是以書本堆疊為靈感的幾何切割造型。大面積玻璃幕牆從中間將建築分隔成兩個區域。在圖書館的地庫不時會舉辦活動或展覽，可以免費參觀。

▲ 每年的 11 月中旬會在這裏舉辦廣州國際燈光節。

▲ 圖書館外的中國郵政（又稱萬花筒郵局）售賣很多廣州主題的周邊、郵票、明信片等，價錢非常親民。(注意逢週三休息)

▲ 廣州大劇院是著名建築師薩哈．哈帝的作品，造型獨特極具未來感，不規則的幾何設計讓你在任何角度都可拍出高質照片。

▲ 在下沉廣場可進入花城匯購物中心，裏面有非常多餐飲食肆。附近還有 K11 購物藝術中心、高德置地春、夏、秋、冬廣場，但步行距離稍遠。

廣東省博物館

址 廣州市天河區珠江東路 2 號
時 週二至日 09:00~17:00（16:00 後停止入場）
休 週一（法定節假日除外）
交 地鐵 APM 線**大劇院站** B 出口

廣東省博物院也是非常值得參觀，不過注意需要在微信公眾號「廣東省博物館」觀眾服務上預約才可免費進館，每晚 10 點可預約未來七天的參觀票，因為數量有限，臨近節假日更容易預約爆滿，建議提前預約。

▲ 博物館設有廣東歷史文化展、廣東自然資源展、端硯展、潮州木雕展、陶瓷展等多個展廳，還有付費參觀的限時專題展。

▲ 在 3 樓夾層的海洋館和陸地野生動物館有很多生物標本和恐龍化石，非常適合拍照打卡。

▼ 在 4 樓的廣東自然資源展廳，這隻仿白切雞廣寧玉雕是館內的明星藏品，也有不少該藏品的文創周邊可以購買留念。

海心沙

從花城廣場一直往南就是海心沙亞運公園，第十六屆廣州亞運的主會場也位於這裏，現時經常用作演唱會的演出場館，平時無活動舉辦的時候可以直接穿梭整個舞台。

▲ 海心沙除了可以步行到達，也可搭乘 APM 線到海心沙站。晚上甚至可以在海心沙西區碼頭登船夜遊珠江，班次及航線可以在微信公眾號「遇見珠水珠江遊」或小程式「珠江夜遊官方購票入口」查閱及購票，透過大眾點評、美團或飛豬等旅遊或團購 App 也可以購票。

◀ 臨江位置的小 Cafe 可以很清晰看到廣州塔全貌，視角也較為舒適。

◀▼ 注意如果節假日人流量較多，有可能限制上橋人數，或需要在「海心橋」官方公眾號上預約通行。

海心橋

時 07:00~23:00

另一個重要景點就是近年開通的首座連接珠江兩岸的人行景觀橋「海心橋」，可以由海心沙直接步行至廣州塔。該橋現時是世上跨度最大、寬度最寬的曲梁斜拱人行橋。在橋上可以觀賞兩岸景色，更可遠眺獵德大橋。夜晚時分，兩岸建築的燈光亮起，伴隨清涼的江風，視野開闊，美景盡收眼底。

◀ 從海心沙公園往西行，就可以來到二沙島藝術公園。每逢假日很多人會到公園露營或野餐。

番禺區位於廣州市南部，靠近佛山，與中山距離也近。華南地區最大的高鐵站廣州南站也在這裏，到內地其他城市十分方便快捷。

區內設有長隆旅遊渡假區（包含野生動物世界、歡樂世界、水上樂園、飛鳥樂園、國際大馬戲五個區域）、沙灣古鎮、寶墨園、大夫山森林公園等知名景點，十分適合旅遊渡假。

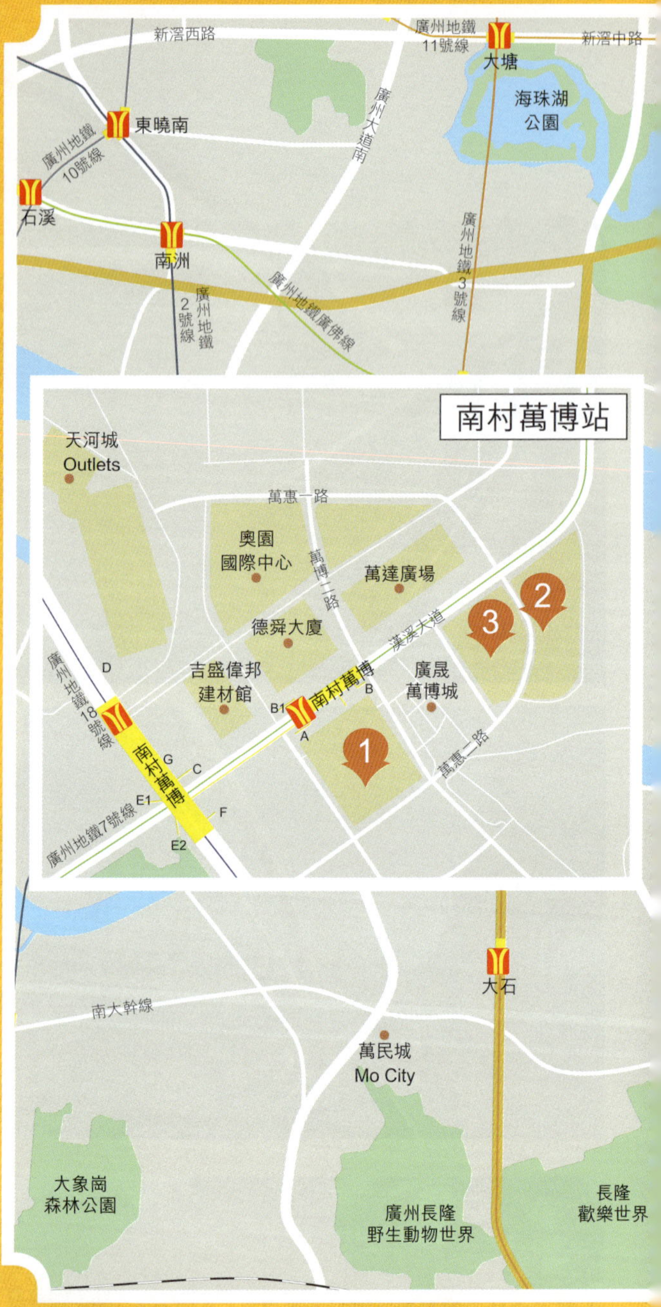

番禺區景點

1. 番禺天河城
2. 四海城商業廣場
3. Perma Bistro 樸門
4. 廣東中醫藥博物館
5. 南漢二陵博物館

番禺區交通

地鐵：

2號、3號、4號、7號是主要的地鐵路線，可從廣州南站直接去到各區。

高鐵：

廣州南站就位於番禺區內，在高鐵站內轉乘 7 號線可到南村萬博商圈。

直通巴士：

可以優先考慮南村萬博（即番禺天河城）周邊站點，附近交通及商業配套較為成熟。

番禺天河城

地 廣州市番禺區南村鎮漢溪大道東366號
時 10:00~22:00
交 地鐵7或18號線南村萬博站A或B出口。周邊公車站有地鐵南村萬博站

番禺天河城在2020年12月開業，佔地4.4萬平方米，內部空間寬敞明亮。商鋪種類非常齊全，不少品牌的番禺首店都選擇進駐於此。地面層主要是知名時尚服裝、護膚美妝、鐘錶首飾品牌，地庫一及二樓有較多大眾化商店，尤其是服裝店，款式多，選擇豐富。

商場內的餐飲同樣應有盡有，不論西式、中式還是日韓料理齊備，總有一間合口味。

▼ 整個商場呈環形狀，中間是一個巨大的下沉式廣場，除了常有活動進行，晚上的燈飾也非常漂亮。

▼ 本土服裝品牌「本來」款式耐看舒適，平時的促銷活動也多，來過幾次差不多每次都有收穫。

四海城商業廣場

地 廣州市番禺區漢溪大道東 390 號
時 10:00~22:00
交 地鐵 7 或 18 號線**南村萬博站** B 出口。周邊公車站有地鐵南村萬博站

四海城在 2022 年開業，雖然與番禺天河城被廣晟萬博城隔開，但距離並不遠，步行只需 5 分鐘左右。

相比起主打購物體驗的天河城，四海城更像一個美食城，另外還有衝浪運動體驗店。而在廣場中間有個巨大的下沉位置，遠看就好像一個隕石深坑，非常震撼。下沉廣場內還有一個小舞台，晚飯時段經常有個人或樂隊獻唱演奏。

▲ 節日期間的裝飾裝置都非常合適打卡，例如萬聖節有各種大南瓜燈，氛圍感十足！

▲ 在靠外的道路被命名為「表心道」，路上遍佈恐龍雕塑，入夜後在燈飾的襯托下非常有氣氛，還會根據各種節日佈置相應的裝飾。

小貼士

南村萬博 CBD（中央商務區）除了有天河城和四海城，附近還有萬達廣場、海印又一城、山姆會員店等商場，距離都不太遠，可以順路遊玩購物。

Perma Bistro
樸門

地 廣州市番禺區漢溪大道東 388 號四海城西區 LG2 層 31 號舖

時 09:00~22:00

交 地鐵 7 或 18 號線**南村萬博站** B 出口步行 360m

費 人均 ¥54

樸門在廣州有好幾間分店，番禺四海城店有點不一樣，除了有各式西點，還有簡餐可以堂食。不過要數王牌產品，必定要試試可麗露！

▲ 不過我更喜歡這裏的**全日早午餐（¥68）**，配料豐富，有薯角、甘筍、煎蛋、腸仔等等，以 Brunch 來説分量剛好。醬汁酸酸甜甜，有解膩的作用。如果在網上購買團購，¥82 就會多一杯飲品，有咖啡、花草茶、水果茶之類，簡直是完美一天的開始！

▲ 甜區櫃的左邊就是可麗露。

▲ 別忘記點一份甜品！除了可麗露，**莓果塔（¥38）**也是我的最愛。很喜歡莓果淡淡的香氣，還有酸中帶甜的味道，內裏就像燉蛋一樣嫩滑，乳酪濃香撲鼻而來，配上一杯美式咖啡，不太膩，口感剛剛好！

大學城區域

在番禺區還有一個不得不提的地方就是廣州大學城，地理位置緊鄰黃埔古港和長洲島。該處設有 12 個高校，周邊也有科普場館和文化歷史博物館，如廣東科學中心、南漢二陵博物館、中醫藥博物館、嶺南印象園等。

➤注意入園需要至少提前 1 個工作日在「廣東中醫藥博物館」公眾號上預約免費入館參觀。

▲展館內最引人注目的莫過於大廳中的中草藥液浸標本，一瓶瓶標本組成一幅直通樓頂的「水晶牆」。

廣東中醫藥博物館

址 廣州市番禺區廣州大學城外環東路 232 號
時 週六至四 09:00~16:45（16:00 後停止入場）
交 距離地鐵 4 或 7 號線**大學城北或大學城南站**約 3 公里。周邊公車站有廣中醫廣藥站。

廣東中醫藥博物館位於廣州中醫藥大學內，設有醫史館、中藥館、針灸館、養生館、嶺南醫學館、嶺南中藥館等 8 個主題展館。

南漢二陵博物館

址 廣州市番禺區大學城國醫西路 **休** 週一
時 週二至日 09:00~17:30（17:00 後停止入場）
交 距離地鐵 4 或 7 號線**大學城北或大學城南站**約 3 公里。周邊公車站有南漢二陵博物館站和華師生活區站。

整個南漢二陵博物館參照了漢唐的建築風格，採用三進殿的佈局，無論庭院樓閣都很有古建風味。其中二陵是指南漢的兩位皇帝——高祖劉龑的康陵和中宗劉晟的昭陵，而康陵是五代十國時期唯一一個佈局完整的陵園建築基址。

藏品以本地出土的陶器為主，特別是陶俑，造型相當多樣。也有部分還原了墓陵原本的場景。館內還有互動體驗設施，可藉此對文物出土有更清晰的了解，如果來到大學城十分推薦參觀。

雖然南沙距離廣州市中心比較遠，但這區有好多經典景點，很值得慢慢遊覽！所以在這個章節，我會介紹多個打卡點，只要按照以下順序，可根據自己的行程安排 1 天或 2 天遊，漫步南沙！

遊玩順序：南沙客運港 / 南沙遊艇會 ➡ 誠記燒雞 ➡ 南北台大街 ➡ 蒲洲炮台、蒲洲花園 ➡ 南沙天后廟 ➡ 環宇城 / 星河 coco park

1
2
豐澤西路
蕉門
南沙圖書館
南沙悠方天地
廣州南沙萬達廣場
金洲
喜來登酒店
蕉門公園
廣州市南沙中心醫院
G9411莞佛高速
廣州外國語學校
飛沙角
南沙體育館
廣州南沙金茂萬豪酒店
廣隆
廣州市新高級中學
地鐵4號線
金嶺北路
麗酒

南沙區景點

1. 星河 coco park
2. 南沙環宇城
3. 誠記燒雞
4. 南北台大街
5. 南沙遊艇會
6. 蒲洲炮台
7. 蒲洲花園
8. 南沙天后宮

南沙區交通

地鐵：

區內僅有 4 號及 18 號線途經。

高鐵：

至廣州南站，轉乘 22 號線到番禺廣場站，換乘 3 號線到海傍站再換乘 4 號線。

直通巴士：

可以優先考慮南沙萬達廣場周邊站點下車（近金洲地鐵站）。

其他：

在香港中港城碼頭或機場海天碼頭，搭乘客運船到南沙客運港（下船後可直接換乘地鐵 4 號線）。

星河 coco park

地 廣州市南沙區番中公路黃閣段37 號之一

時 週一至四及日 10:00~22:00、週五六 10:00~22:30

交 地鐵 4 號線**蕉門站** A 出口步行約 850 米

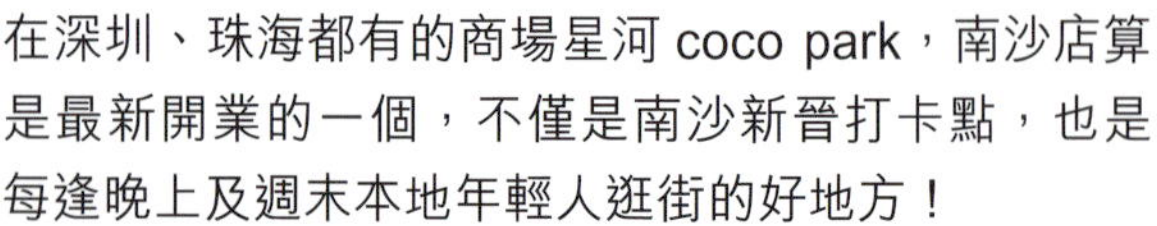

在深圳、珠海都有的商場星河 coco park，南沙店算是最新開業的一個，不僅是南沙新晉打卡點，也是每逢晚上及週末本地年輕人逛街的好地方！

這裏還是寵物友好商場，可以帶上自己的愛寵一起逛街！中庭位置十分大，還有溜冰場，不用自帶裝備都可以玩耍！進駐的商店比較小眾，食肆選擇非常多，都是年輕人喜愛的品牌。

▲這裏有我喜歡的抹茶茶飲店「茶月山」，喜歡重度抹茶的朋友一定要來品嚐！

◀這杯「**功夫抹茶鮮奶**」中間有一球超濃烈的抹茶雪糕，加上香滑的鮮奶和各種小料，味道濃郁，少糖會有點苦澀，試試正常糖都 Ok！

南沙環宇城

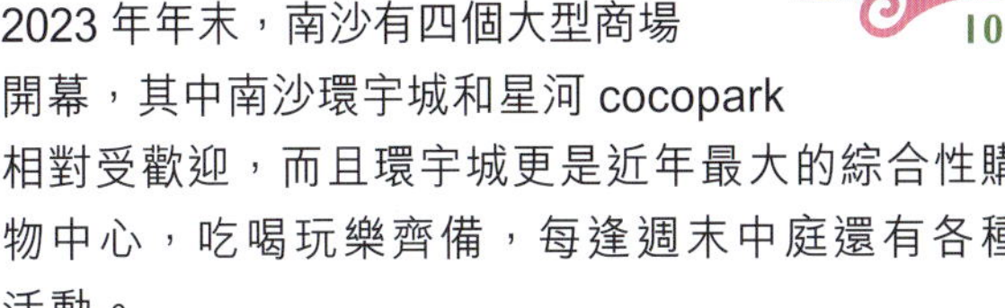

2023 年年末，南沙有四個大型商場開幕，其中南沙環宇城和星河 cocopark 相對受歡迎，而且環宇城更是近年最大的綜合性購物中心，吃喝玩樂齊備，每逢週末中庭還有各種活動。

商場內設有戲院、兒童遊樂園、比較少見的室內籃球場、賽車場等等，都是週末帶小朋友去遊玩的好地方。B1 樓有盒馬生鮮超市，玩累了可以購買新鮮水果歇息一下補充體力，也可以順道買點手信。

地 廣州市南沙區鳳凰大道與黃閣路交匯處

時 週日至四 10:00~22:00、週五六 10:00~22:30

交 地鐵 18 號線**橫瀝站** D 出口轉乘南 55 巴士至坦尾村站，或搭乘網約車

▲ 集合很多潮流玩意、美妝的 KKV，它的旅行用品也很值得購入。

▲ 商場內還有好特賣分店，這個連鎖店內的零食、雜貨都比市面的標價便宜，每次經過我都會買點零食，飲料更是划算，選擇又多！

➤ 來這邊遊玩得晚了，商場旁邊設有酒店，可考慮在此投宿。

誠記燒雞

地 廣州市南沙區九王廟村石抖街 125 號

時 11:30~14:00、17:00~21:00

交 地鐵 4 號線**南沙客運港站** C 出口轉乘的士，或搭乘網約車

費 人均 ¥60

這家燒雞店其實是村民自營的大牌檔，但出品的味道總是令人難忘，我每次吃完第二日都心心念念還想吃！就算是平日中午來到，這裏都是座無虛席，所以一定要早點來，而且燒雞和燒排骨都是現做，製作需時。

▲ **招牌燒雞（¥68）**一定要趁熱吃！表皮很香脆，裏面的肉又嫩又滑，雞汁、雞油更會從雞皮流出來，真的想大叫一聲；為甚麼可以這麼好吃！簡直停不下來，真想點一碗白飯伴吃！

▲ 如果說燒雞回味無窮，那**燒排骨（¥48 / 例）**就更是驚為天人！基本是每桌必點菜式，下單後最少要等 20 分鐘，但絕對值得。燒排骨未上桌已經聞到焦香，外層「脆卜卜」，表面的蜜汁又香又甜，肉質厚實不乾柴，整體有點像蜜汁叉燒。

◀ **炒菜（¥25）**一上桌，大家都驚歎分量真的很多，但價錢不貴。菜芯剛剛熟，表面夠翠綠，很有鑊氣！

南北台大街

交 地鐵 4 號線**南沙客運港站** C 出口轉乘的士，或搭乘網約車

距離誠記烤雞不遠的街區「南北台大街」有些很值得閒逛打卡的地方，這邊的牆繪很多很密集，整條街區都是彩色的，還有各種充滿寓意的佈置。

聽説這裏一開始只是普通的小街巷小社區，但隨着牆繪越來越多，慢慢就成為了南沙聞名的打卡點。

▲ 深入其中，還能發掘到不少「彩蛋」。

▲ 這裏就像漫畫裏的場景，住宅的外牆有各種主題塗鴉，下午時分，陽光灑在樓梯、扶手，每個角落都很有氛圍感。

◀ 南虹路、海貝路、花白路等等路名都很有詩意。

南沙遊艇會

地 廣州市南沙區港前大道楠 5 號

時 09:30~18:00

交 地鐵 4 號線**南沙客運港站** C 出口轉乘巴士，或乘搭網約車

身在此處，會讓人有一秒穿越到國外的感覺。附近的建築群融合了中西文化的復古感，天氣好或者黃昏的時候，拍照特別好看。這裏更是電影《美人魚》中的取景地。

這裏還是珠江的入海口，閒時過來吹吹海風，可以順帶欣賞一下寬闊的珠江，還有不遠處的虎門大橋。這更是古代詩人文天祥的詩句「伶仃洋裏歎零丁」中伶仃洋的起點位置。

小貼士

位於南沙遊艇會附近的南沙客運港是連接香港與澳門的內地港口之一。由香港的中港城客運碼頭、香港機場出發，每天有兩班船到達南沙客運港，最早可提早約 30 天購票，單程普通位 ¥189、頭等位 ¥220。可從微信小程式搜索「珠江飛航」購票。乘船過關的方式與陸地口岸無異。

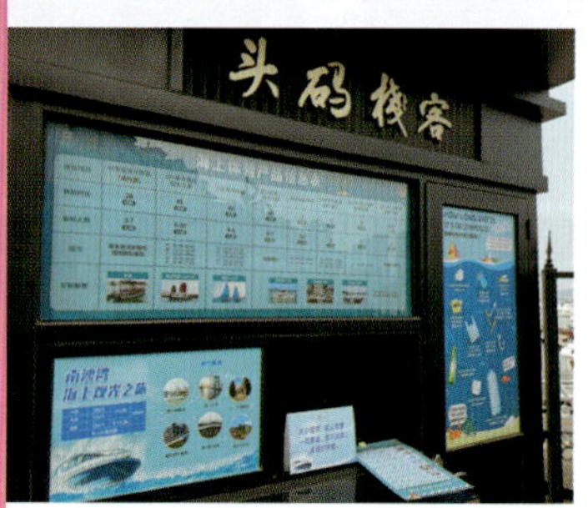

▲ 岸邊平時停靠了不少遊艇和船隻，如果想出海遊玩，這裏也有海上體驗服務，可以選擇乘坐不同的帆船進行海上觀光。

▶ 建築物的 1 樓大部分是食肆及 Cafe，每逢節假日特別多人在這邊吃下午茶，邊欣賞美景。周邊還有很多路邊小攤。

蒲州炮台

地 廣州市南沙區港前大道南優聯教育東北 220 米

時 約 09:00~16:30（實際開放時間以當天情況為準）

交 地鐵 4 號線**南沙客運港站** B 出口步行 10 分鐘，或乘巴士至南沙灣總站步行 273 米

上山路口就在巴士總站旁邊，看到這個指示牌就可上山。

在天氣不錯的時候，非常推薦來蒲州炮台走一走。這裏是一個非常小眾，但環境很好的地方，周圍都是綠植，只消走幾分鐘就可以到達半山眺望海灣！

第一次看到炮台覺得好神奇，雖然展出的是仿製品，但也是個很棒的體驗！

這裏有「小長城」的外號，而且視野非常遼闊，能看到虎門大橋。通道兩邊是關於這個地方的歷史説明，有時間可以了解一下。

炮台山旁邊是南沙大酒店，配有網球場，如果在附近遊玩，可以考慮入住。

蒲洲花園

地 廣州市南沙區港前大道南 271 號（英東中學對面）
時 07:30~17:30（17:00 停止入場）
交 乘巴士至**南沙灣總站**，步行約 8 分鐘

從蒲洲炮台下來不遠處，就到達有很多綠植和大草坪的蒲洲花園。

園內有彩虹小屋、歐式莊園，還可以在這裏野餐，所以週末時特別多三五知己和家庭來遊玩放鬆。

▲ 中間有一大片湖景，可以體驗湖中小船。清涼的風沿着湖面吹來，這就是大自然之氧吧！

◀ 如果是自駕遊，可以停泊在園內（￥20 / 次不限時間），這就可以一次暢遊蒲洲炮台、蒲洲花園及南沙天后宮。

小知識

南沙無人駕駛

來到南沙，一定要體驗一下這裏的無人駕駛！在 2024 年年初的時候，我曾經體驗一次，當時的上落客點是很有限的，而且還要在 App 上提前預約。但在 2024 年 11 月已經不需要預約，直接下載 App「小馬智行」或者微信搜索「小馬智行」小程式就可以隨時體驗。

建議大家提前到達上車地點，以免阻塞交通。

跟普通網約車一樣，在 App 上輸入上車點及目的地，車輛就會到達身邊。不過要注意，部分路段會有禁停或停留時間限制。

上車後只可以坐在後排位置，關閉車門，在面前的熒幕輸入自己的手機號碼（香港手機都可以），車輛就會開始啟動。車輛駕駛時非常平穩，遇到障礙物、行人都會平穩及時停車，就算剎車都不會有很突然的感覺，的確是頗有趣的體驗。

南沙歷史景點

南沙天后宮

址 廣州市南沙區天后路 88 號
時 週日至五 08:30~17:00（17:00 停止入場）、
週六 08:30~22:00（21:30 停止入場）
交 距地鐵南沙客運港站 1.6 公里，或搭乘網約車

順着蒲洲花園的指示牌走到南沙天后宮，個人覺得非常值得來，特別是第一次到南沙的朋友，看海、祈福、在海灘玩沙可以一步到位。

▲ 進入天后宮，門票 ¥20 / 人，大眾點評 App ¥18 / 人、¥36 / 雙人，老人及學生半價。

▲ 從東北門進園後往右邊走，幾分鐘後就見到高達 14.5 米的天后像，十分震撼壯觀！

▼ 繼續登山到達正殿，可俯瞰整個天后宮全貌，並能眺望伶仃洋，視野非常廣闊。

▲ 這個景點的終點是南嶺塔，想完全遊玩完畢，估計全程需要 1 個多小時，非常考驗體力！

黃埔區

黃埔區距離市中心稍遠，但是週末會有不少本地人專門過來遊玩。這裏有週末好去處「長洲島」、古代海上絲綢之路發祥地「南海神廟」、有「將帥搖籃」之稱的「黃埔軍校」等景點，還有吃貨們喜歡的深井燒鵝，可以在一個區內盡情吃喝遊覽。

黃埔區景點

1. 長洲島
2. 黃埔軍校舊址紀念館
3. 姚林軒

黃埔區交通

地鐵：
途經區內的有 5 號、6 號、7 號、13 號線及黃埔有軌電車 1 號線。

高鐵：
至廣州南站，轉乘地鐵 7 號線至黃埔區。

直通巴士：
如到寶能體育中心欣賞演唱會，部分直通巴士可到達該站點（近蘿崗地鐵站）。

長洲島

▲ 如果搭乘地鐵至長洲站，可在 C 出口搭乘便民接駁車，直接前往軍校入口。

長洲島於海珠區的黃埔古港對岸，緊鄰大學城，最出名的景點是黃埔軍校舊址，其他還有孫中山先生故居、辛亥革命紀念館、深井古村、中山公園、長洲島都市農業公園等，不過部分景點距離黃埔軍校較遠，可以根據行程考慮是否前往遊覽。

▲ 孫中山先生故居

◀ 辛亥革命紀念館

黃埔軍校舊址紀念館

址 廣州市黃埔區黃埔軍校路 170 號
時 週二至日 09:00~17:00（16:30 停止進館），7 月 16 日至 8 月 31 日會延長開放至 18:00（17:30 停止進館）
交 地鐵 7 號線**長洲站** C 出口轉乘便民車即到

由孫中山先生創辦的新式軍事政治學校首個校址，包括校本部、孫總理紀念碑、游泳池等，後於 1984 年改建為紀念館。

在校本部舊址中，每個房間都還原了軍校當時的生活場景，亦有部分雕塑展示訓練情形，還有多個展廳、展品細説軍校的由來以及種種經歷，遊客可以一邊參觀一邊身臨其境了解近代的軍事歷史進程。

▲參觀前可透過微信小程式「黃埔軍校舊址紀念館票務預約」系統進行實名制預約，按照預約時段憑二維碼或身份證正本進館參觀。

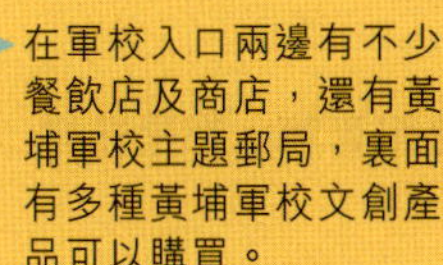

►在軍校入口兩邊有不少餐飲店及商店，還有黃埔軍校主題郵局，裏面有多種黃埔軍校文創產品可以購買。

▲島上比較出名的美食有：廣州素食學校的豆漿、豆漿雪糕，還有主打深井燒鵝的姚林軒。島上還有一條古村「深井村」，正是深井燒鵝的發源地。

姚林軒

地 廣州市黃埔區長洲島豐收新街58號

時 11:00~14:00、17:00~20:30

交 地鐵7號線**深井站**C出口步行約15分鐘。店前也有停車位。

費 人均 ¥75

位於長州島上的深井古村，開業超過16年，最出名的菜式正是深井燒鵝。深井有很多家燒鵝店，但這家已經吃過好幾次，基本上點任何菜式都不會踩雷。

燒鵝（¥158半隻），剛出爐的燒鵝表明亮晶晶，油水充足，賣相十分誘人！一口咬下，表皮超級脆，也充滿鵝油香味，非常有驚喜！記得一定要蘸上酸梅醬汁，可中和油膩感的同時也帶出肉香味，肉質也飽滿緊致，令人回味無窮！

小貼士

如果人多來吃，除了點以上幾款，還可以試試白切蓮藕、老娘叉燒、沙薑豬脷等等，都是非常地道的本地菜式，質素有保證！

黃埔炒蛋（¥38）也是招牌菜，記得之前在電視節目看過這道菜的做法，是十分考驗廚師的耐心和經驗的功夫菜。炒蛋質感介乎炒蛋和煎蛋之間，蛋味香濃，多吃也不膩，而且分量多非常下飯。不過製作時間較長，人多的時候或要稍候。

其他農家小炒也值得一試，這份**鄉村炒齋（¥25）**由多種配料炒成，各種菇菌、青菜加上粉絲和腐竹，口感層次豐富，粉絲吸收了醬汁的味道，即使是齋菜也不至於寡淡無味。

鴛鴦饅頭（¥23/打），最受大小朋友喜愛。炸至金黃的饅頭香脆酥軟可口，搭配煉奶更加香甜濃郁，而白饅頭配着燒鵝一起吃能吸收部分油脂，抵消油膩感。

店前的店家招牌公仔抱着一隻鵝，開宗明義以燒鵝作主打。

白雲區

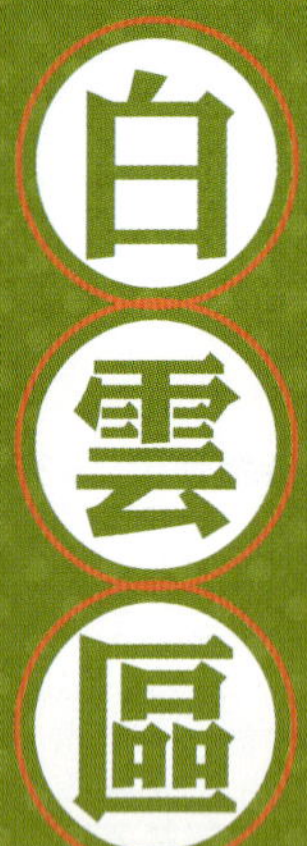

位於廣州北部的白雲區，近年也逐漸崛起，不斷有新的大型商場進駐，形成了各個新商圈，包括有巨大室內遊樂園的安華匯、充滿人氣的百信廣場，以及自成一個大商圈的五號停機坪、凱德廣場、萬達廣場等等，衣食住行樣樣齊！

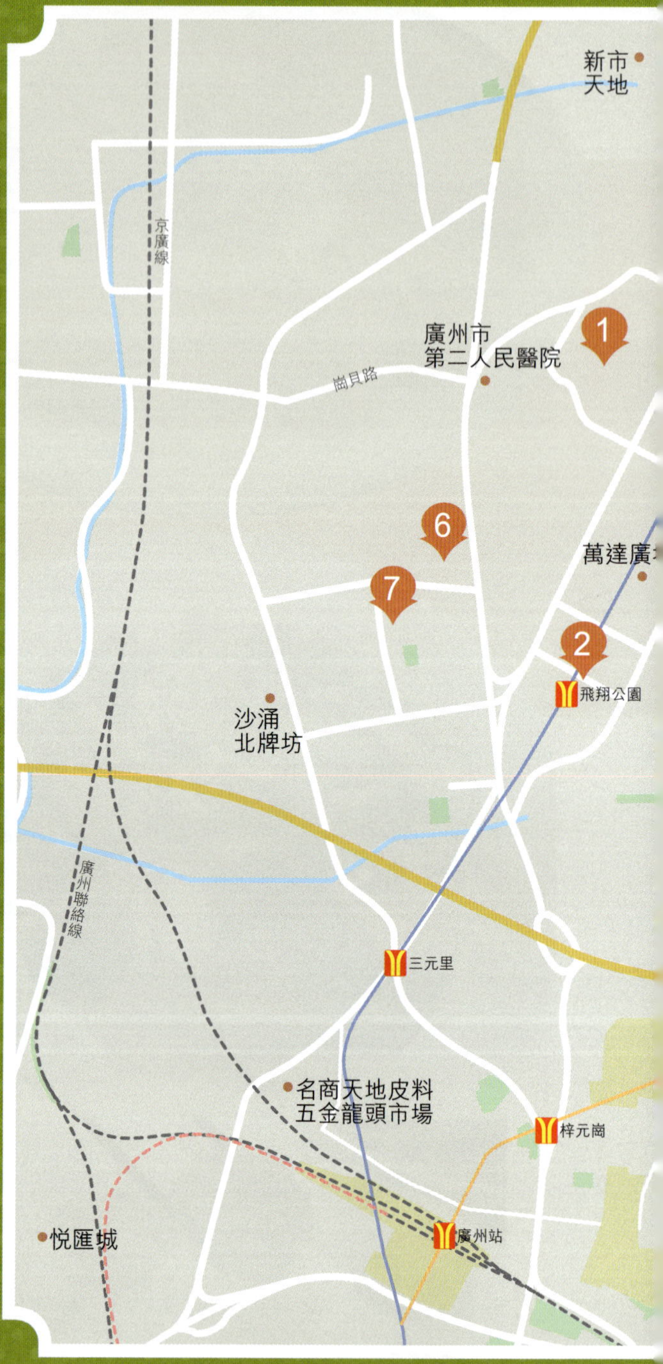

新市天地
京廣線
廣州市第二人民醫院
崗貝路
1
6
7
2
萬達廣
飛翔公園
沙涌北牌坊
廣州聯絡線
三元里
名商天地皮料五金龍頭市場
梓元崗
悅匯城
廣州站

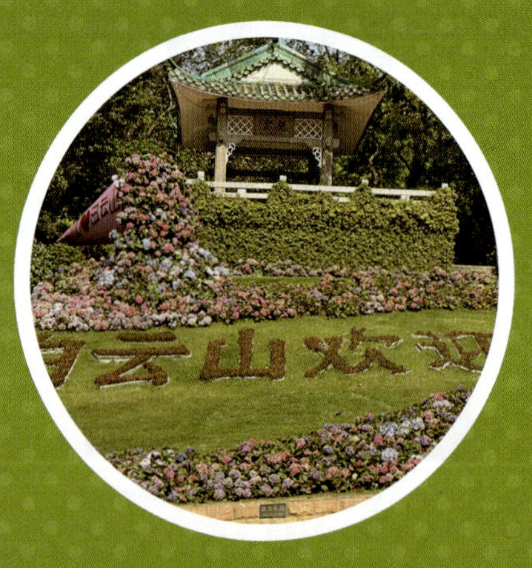

白雲區景點

1. 卡朋西餐
2. gaga
3. 白雲山
4. 雲台花園
5. 雲蘿植物園
6. 韓國街
7. 延炭乳酸菌烤肉店

MAP

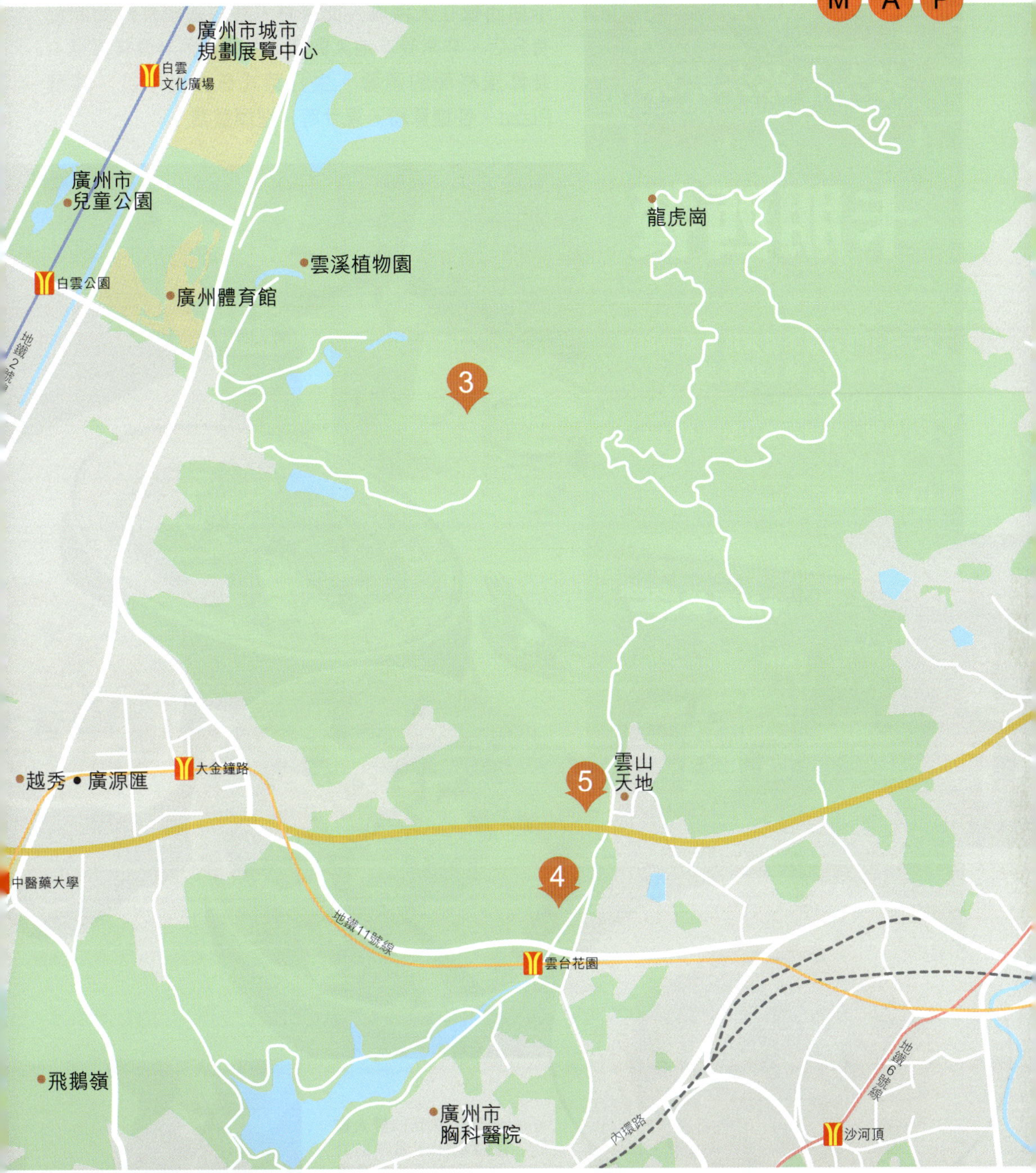

廣州市城市規劃展覽中心
白雲文化廣場
廣州市兒童公園
白雲公園
龍虎崗
雲溪植物園
廣州體育館
地鐵2號線
越秀・廣源匯
大金鐘路
雲山天地
中醫藥大學
地鐵11號線
雲台花園
飛鵝嶺
廣州市胸科醫院
內環路
地鐵6號線
沙河頂

白雲區交通

地鐵：

主要景區和商圈都在 2 號線、3 號線和 11 號線上。如白雲山西門（靠近 2 號線蕭崗地鐵站）、南門（靠近 11 號線雲台花園地鐵站）。

高鐵：

至廣州南站，轉乘地鐵 2 號線至白雲區

直通巴士：

大部分直通巴士都沒有在白雲區設置站點，可以考慮在 2 號線沿站下車。

卡朋西餐

地 廣州市白雲區雲霄路 5 號停機坪購物廣場 2 樓 L2039 號
時 11:00~21:00
交 地鐵 2 號線**白雲公園站** A 口步行 810m
費 人均 ¥67

我到店一定會點的**烤番茄肉醬通心粉（¥33）**，味道酸酸甜甜，番茄醬汁很香很濃，通心粉軟硬適中，每條都沾滿醬香，口感很棒！

卡朋西餐在天河城、北京路、客村這些熱門商圈都有分店，非常受本地人歡迎，主要是因為價錢實惠，裝修風格簡約溫馨。主打菜式有火焰牛扒、榴槤 Pizza、各種意粉、果汁等，選擇豐富。

我點了常吃的**雙人餐（¥146）**。當中的岩燒肉眼扒上桌後會現場用火槍炙烤，讓食客看到牛扒表面充滿牛肉的油脂，也聞到牛油的香味。雖然是平價餐廳，但這一刻充滿了儀式感。

gaga
（無限極廣場店）

地 廣州市白雲區雲城南二路 2 號無限極廣場 B 座 1 層 101-103 室（B 座西門側）
時 11:00~22:00
交 地鐵 2 號線**飛翔公園站**步行 130m
費 人均 ￥95

▲ 餐廳不時會推出周邊產品，這個是聖誕的限定杯子，顏色很好看！

gaga 在廣州同樣是連鎖店，但不管是早午餐、下午茶，出品都很不錯也很有特色。gaga 鮮果茶是他們的招牌飲品，喝起來很清爽，每次必點！而且還會根據季節、節日更換菜單，基本上每次到店都會有新鮮感。同時擺盤也很漂亮，非常符合現在大家的打卡標準。

價格方面，人均在 ￥80~￥120，在廣州屬於中端的消費水準。裝修風格現代清新，很多店還設有露天座位。分店主要集中在天河區，像天環廣場、萬菱匯廣場等，甚至琶洲那邊也有。

▲ 例如在聖誕推出的菜式**「地中海番茄燉海鮮配佛卡夏」（¥138）**，味道酸甜清爽帶有微微辣味，配料有蝦、比目魚、藍口貝。蝦肉彈牙、貝類柔嫩、魚肉細膩，配上番茄的酸甜，豐富了味蕾的同時也平衡了海鮮的濃郁。

▼ **gaga 經典焗豬排飯（¥59）**，滿滿的芝士覆蓋在豬扒和米飯上，輕微的焦糖色看起來超有食慾！經過高溫焗烤，芝士已經完全融化，形成一層拉絲感十足的薄奶膜，帶來超濃郁的奶味。表面超大的洋蔥圈也為底下的焗飯增加不少香味！

白雲區獨特景點

白雲山

址 廣州市越秀區雲泉路與雲泉南路交叉口西300米（南門）

時 24小時開放（僅限南門、西門，其餘門崗約為06:00~22:00）

交 地鐵11號線**雲台花園站**A / C2出口，沿橫枝崗路向北步行約800米。周邊公車站有雲台花園總站（24路、285路、B16路、旅遊公交1線）。

費 ¥5（可在白雲山景區微信公眾號線上購票）

白雲山作為廣州市中心最著名的山體，也是廣州「羊城八景」之首，有「羊城第一秀」美譽。雖然白雲山海拔高度僅有382米，但因緊鄰市中心，與珠江新城直線距離僅有8公里，在山上的觀景平台能清晰俯瞰整個廣州中心城區，個別位置（如息亭、山濂泉門觀景台）更與電影《星聲夢裏人》中的山頂風光類似而吸引眾多遊客打卡。白雲山範圍內還有多個景點，如鳴春谷、雲台花園、雲蘿植物園、雲溪植物園等。

注意，如果想到達白雲山的最頂峰——摩星嶺，需要額外購買登頂門票（票價¥5 / 人），目前摩星嶺路段已修建電梯，方便遊客上下山。

▲ 白雲山除了可以步行上山，還可以在南門附近的白雲山索道入口，搭乘纜車到山頂廣場，票價為上山¥25 / 人，下山¥20 / 人（包含白雲山門票）。或者入園後直接搭乘觀光車雲山A線，到達山頂廣場（單程¥20 / 人，其他路線均在¥10~¥20不等）。

▲ 在山頂廣場往九龍泉方向徒步約 10 分鐘，即可到達廣州碑林，再往上走到寶章樓附近，即可發現一個網上很熱門的隱藏打卡位，這裏可以無遮擋拍到廣州市全景，特別在傍晚時間，若遇見晚霞，更是另一種寫意畫面！

雲台花園、雲蘿植物園

址 廣州市白雲區雲山南路 5 號

時 08:00~18:00（17:30 停止入園）

交 地鐵 11 號線**雲台花園站** A / C2 出口，沿橫枝崗路向北步行約 300 米

費 雲台花園 ¥10 / 人、雲蘿植物園 ¥20 / 人，兩個園區套票 ¥25 / 人（可在白雲山景區微信公眾號線上購票，兩個園區不互通）

▲ **雲台花園**又稱廣州的「花城明珠」，地處白雲山腳，是白雲山景區的核心景點之一，也是目前全國最大的中西合璧園林式花園，佔地約 12 萬平方米，種植超過 200 種花卉。除了常駐花景，每年 1 月下旬都會舉辦鬱金香花展，屆時整個入口廣場及花園各處都會種滿鬱金香，有種遨遊花海的感覺。中秋節期間也有中秋燈會。

雲蘿植物園則是 2024 年 11 開放的區域，佔地約 86.6 公頃，保育 1,500 餘植物，當中 36 種屬國家一級、58 種屬國家二級保護植物，還設有大灣區唯一的「空中俯瞰式植物園」。

▲ 在山頂廣場的小鳴郵禮主題郵區內，有各式各種廣州市文創精品發售，充滿地道色彩，適合作手信。

白雲區獨特景點

韓國街

這條遠景路商業街，也被稱為廣州的「韓國街」。這裏匯聚了眾多韓國特色美食、韓國超市、韓式烤肉店等等，還有各種 Cafe，不少都是十年以上老店，大部分都是居住在這裏的韓國人開設，所以如果想吃正宗韓式料理，第一時間都會想起遠景路的韓國街。

▲ 這家全州家烤肉店已經開業十年以上。

▲ 吃飽還可以逛逛附近的韓國超市，有很多韓式零食、日用品等等。

2023 年 4 月 OPEN

延炭乳酸菌烤肉店

址 廣州市白雲區心誼路 108 號景泉花園 101-06A 房

時 週一至五 11:00~14:00、16:00~23:00、週六日 11:00~23:00

交 地鐵 2 號線**飛翔公園站** C 出口步行約 300 米；距離心誼路公車站步行 251m

費 人均 ￥89

這家店的本店位於延邊（吉林省轄下的內地唯一朝鮮族自治州），2023 年終於開到廣州的韓國街上！

餐廳的特色是經乳酸菌醃製的各種烤肉，聽聞可以讓肉質更鮮嫩多汁，口感更豐富！

➤ 特別推薦乳酸菌牛五花、山葱葉五花肉、長白山蜂蜜豬排、韓式香腸，基本都在團購套餐裏包含，人均大約 ¥80。另外還有打卡送飲品或小吃的活動。

▼ 雖然是延邊烤肉，但各種小菜跟一般韓料區別不大，同樣是任意添加！

▲ 因為是純炭火烤製，所以靠太近會覺得有點熱，但各種肉類一放上烤盤，就會發出「滋滋」的烤肉聲，邊慢慢烤出油分，過程十分誘人！同時因應不同肉類，會用上不同烤盤、烤網，全程由店員代勞，不用操心。

▲ 整體味道偏甜，但肉汁豐富，就算烤菇菌都不會太乾身，加上各種配料和特製醬料一起吃，十分美味！

◀ 記得要試試小料台的醬汁，酸中帶甜，味道清新，可以讓你大快朵頤都不覺得膩。

花都區

花都區位於廣州市北部，雖遠離中心城區，但近年投入了大量建設，當中以商業中心「融創茂」尤其熱鬧！

融創茂有一個目前為華南最大的室內滑雪場「熱雪奇跡」，吸引了大批遊客和滑雪愛好者前來遊玩，特別在暑假期間更出現大排長龍的情況！加上全年無休，無論甚麼時候都可以玩雪滑雪，不受天氣影響。除此以外還有機動遊樂園、水上樂園、體育運動專區等等豐富的娛樂選擇，是一個集合衣食住行玩的好地方！

花都區景點

1. 軍記腸粉（寶華路店）
2. 融創樂園
3. 融創茂
4. 融創體育世界
5. 廣州熱雪奇跡

MAP

華南師範大學附屬花都學校
廣州融創文旅城
花城街站
何氏昌記土雞
佳鈞尼漁具
花都大道
花山鎮站
花城山地雞
維也納酒店
廣州市第六中學
劉氏大宗祠
曙光大道
鳳凰北路
廣州美華航空主題酒店
大家宴農庄
三東大道
三東大道東
鳳凰商業步行街
麗楓酒店
駿壹萬邦
106國道
花都廣場
廣州地鐵9號線
馬鞍山公園
全季酒店
龍珠路
廣百廣場
半島豪苑酒家
雲山學校
馬鞍山公園
蓮塘新庄牌坊
商業大道
蓮塘
花都濕地公園

花都區交通

地鐵：

區內僅有 3 號及 9 號線。

高鐵：

至廣州南站，轉乘地鐵 2 號線到嘉禾望崗站，再換乘 3 號線北延段。

直通巴士：

可以在融創商圈範圍內的站點下車，到達融創茂。

軍記腸粉（寶華路店）

地 廣州市花都區寶華路花城苑 48-1 號舖

時 07:00~14:30

交 地鐵 9 號線**花果山公園站** C 出口步行 810 米

費 人均 ¥12

▲ 腸粉即點即做，師傅不斷在「抽屜」前加上新鮮粉漿和餡料，熱騰騰出爐！

腸粉大家肯定吃過不少，餡料通常不外乎豬肉、牛肉、雞蛋，這家軍記腸粉反其道而行，加入豆角、沙葛，但味道出奇搭配。價格平易近人，環境走大牌檔路線，很受附近街坊歡迎，尤其中午時間特別多人。

不過要注意，店家每天只營業至下午兩點半，但是早上 7 點就開始營業，所以可以早點過來吃早餐，然後繼續其他行程。

▲ 招牌的**豆角沙葛腸粉（¥7）**，腸粉的質感跟平時吃慣的不太一樣，透薄中帶點韌性和彈性，粉感也不明顯，加上豆角的爽，和沙葛的粉粉脆脆，口感更加豐富。蘸點甜豉油，味道更濃郁！

▲ **柴魚花生粥（小 ¥6）**

▲ 駕車的朋友可以將車泊在附近的花果山公園停車場，吃完腸粉還可以到公園散步，早上的空氣特別清新。

融創樂園

地 廣州市花都區鳳凰北路 78 號

時 週一至五 11:00~18:00（17:30 停止入場）、週六日 10:00~20:00（19:30 停止入場）

交 廣州東橫城際線**花城街站** D 出口

費 基本成人套票（¥228 / 人）、親子套票（¥298，包括一名大人及一名小童），套票包含入場費及當日開放的所有遊樂設施

▲ 網上設有各種套票售賣，例如「融創樂園 + 熱雪奇跡 3 小時」只需 ¥408，建議遊玩前先到網上各大平台格價，再按需要選擇。

就在後文提及的融創茂廣場 1 號門對面，地理位置方便，可以逛完融創茂之後來這裏遊玩。下午 3 點前入園免費，再按每項遊樂設施收費。

園區內面積很大，機動遊戲設施眾多，推薦必玩的有雲霄塔、飛越廣東、怒海狂濤、雙龍飛舞、海盜船、大樹飛椅、巨龍飛舞等等，有時候還有花車巡遊，可以跟小朋友在這裏玩上大半天！

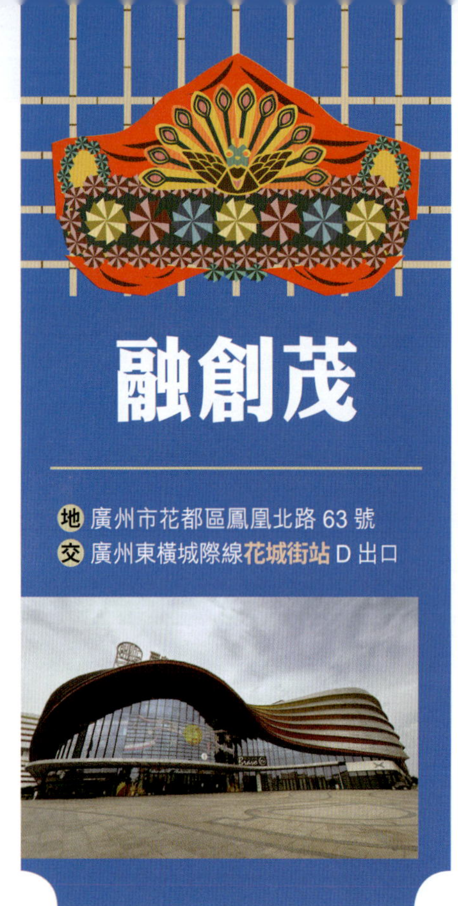

融創茂

地 廣州市花都區鳳凰北路 63 號
交 廣州東橫城際線**花城街站** D 出口

融創茂在 2019 年開業，主題遊玩場地熱雪奇跡、融創水世界及融創體育世界都位於其中，周邊還有廣州融創樂園、融創大劇院、濱湖酒吧街及星級酒店等，組成一個巨大的廣州融創文旅城，總佔地面積約 220 萬平方米！

商場內的配套設施都很齊全，食肆選擇也多，大部分是連鎖餐飲店，在商場的地庫一樓還有超市。一樓的商店以運動服飾品牌為主，大家在樂園玩耍後還可以添置衣服，完全可以在這裏玩一整天。

探越小館

址 融創茂 3 樓
時 11:00~21:00
費 人均 ¥82

商場 3 樓有很多食肆，這家探越小館在廣州市有多家分店，出品好，性價比高，玩樂過後最適合在這裏「醫肚」。

雙人套餐團購只需 ¥157，還有 A、B 兩款選擇，因為我想多吃點肉類補充體力，所以選擇了有豬頸肉的 A 餐，如果喜歡吃咖喱蝦或泰式生菜包，可以選 B 餐。

➤ 芽莊風味豬頸肉，焦香十足，每片豬頸肉都烤至外面金黃色，裏面還保持嫩滑，搭配酸辣醬汁，非常醒胃，讓原本只有炙烤味的豬頸肉增加了不少風味，再配碗白飯就更完美！

越式撈汁花甲也是超級開胃的酸辣味，花甲帶點鹹鮮味。我覺得這裏的菜式都非常下飯，完全不覺得膩口。

原來套餐還包含一碟上湯桑葉，恰好中和一下剛才酸酸甜甜的菜式。

冬陰功湯的辣味、奶味都很香，還有檸檬葉、香茅、辣椒的調味，酸味很清新，非常開胃！

融創體育世界

地 廣州市花都區鳳凰北路 63 號融創茂 1-3 樓
時 週一至五 13:00~19:00、週六日 10:30~20:30
交 廣州東橫城際線**花城街站** D 出口

以運動為主題的室內遊樂場就在融創茂商場的 1 至 3 樓。有兩種遊玩方式可以選擇：①免費入場，按各項遊樂設施收費；②網上購買單人 9 項票約 ¥168（不含卡丁車項目），就可以玩遍打卡蹦翻天、超越極限、功夫學堂、飛簷走壁、火線聯盟、小小司機等等的遊戲項目。

當中以超越極限、百步穿楊、瘋狂卡丁車、飛簷走壁、歡樂碰碰等遊戲是這裏的人氣項目。

▲ 設上下層賽道的卡丁車，十分有電影《挑戰者 1 號》的感覺，非常有科幻感！車速達 70km/h，在室內就可以體驗做車手的快感！

▲ 建議大家玩完後文介紹的熱雪奇跡還有時間的話，可以再來這邊遊玩，這裏的遊戲更適合小朋友玩，刺激的遊戲不多，在室內也不怕日曬雨淋。

廣州熱雪奇跡

地 廣州市花都區鳳凰北路 63 號融創茂 2 門

時 週一至五 10:30~20:30、週六日 10:30~21:30

交 ❶ 地鐵 9 號線**馬鞍山公園站**步行至附近百壽南路巴士站，轉乘 19 路直達快線至**融創樂園站**

❷ 地鐵 9 號線**花都廣場站**，再召網約車到達融創樂園（車程約 10 分鐘）

❸ 乘高鐵至**廣州南站**，轉乘廣州南至廣州北的高鐵，再從廣州北站乘廣州東環城際線到**花城街站**，即可到達融創樂園門口

❹ 在市中心直接打車，車程大約 1 小時

❺ 自駕的朋友直接停在融創茂停車樓，這邊車位很多，泊車後可直達商場

在融創茂商場內竟然有一個甚具規模的室內滑雪場！

進入滑雪場後，室內區域左邊是娛雪區，有探險步道、雪上飛碟、冰上碰碰車、冰上自行車、花海雪圈、冰滑梯等設施，可以無限次暢玩，特別適合不敢滑雪，又想體驗一下身處雪地的朋友，遊戲難度較低，全部年齡層都適合，身高 1.2m 以上人士就可以進場。

室內區域的右邊是單板、雙板的滑雪場地，分為初級道、中級道、高級道，當中以初級道是世界最長的室內初級雪道，長達 460 米，設計成兩條交叉雪道，在雪道左邊有扶手電梯上到高位，再從上面滑下來，可以沉浸式體驗滑雪的樂趣。要注意滑雪區域的雪比較深，所以消耗的體力會比娛雪區大，不過玩到最後會發現 3 個小時不會夠盡興。

▲ 如果沒有準備手套、面罩或防風鏡等裝備，也可在園區內購買，這裏款式選擇多，較為新穎。

場內右方的滑雪道。

玩之前要注意，要把長褲子塞進靴子裏面，或者穿緊身褲比較方便，否則出來就會發現褲子下面全部沾滿雪，褲腳會濕漉漉。

娛雪區的花海雪圈算是稍微刺激，滑下來時會有點離心力，又可以在最高點眺望整個娛樂區域，非常好玩，馬上又要再來一次！

小貼士

如果你從未試過滑雪，或者想體驗一下室內的玩雪樂園，個人覺得融創的熱雪奇跡非常值得成為你廣州之行的其中一站。而且附近還有酒店、劇院、融創樂園（機動遊戲為主）、融創體育世界（室內遊戲機室）等配套，是渡假玩樂的好選擇！

冰上碰碰車跟在地面玩碰碰車的感覺完全不同，有一種在冰面上開車的感覺，而且冰面超滑，只要稍稍加速就會滑到很遠，而且車還會自然打轉，增加很多趣味。

冰上自行車。

如果在雪場玩到累，可以離開雪區休息一下，園區內有茶餐廳、肯德基、小食站等，點些熱食，補充一下體力，又可以繼續玩啦！

注意事項

滑雪裝備：滑雪服、滑雪板、頭盔以及儲物櫃都可以免費租借，怕摔倒亦可在現場租借或購買「小烏龜」保護臀部。第一次來玩雪的朋友，建議自備手套、護臉口罩、一次性襪子等。

門票：可在各大平台提前購票，包括抖音、大眾點評等，也可以在入口購票，設有多種套票選擇。滑雪場分旺季、平季、淡季，其中旺季價錢最高，也是客流量最大的時間，建議選擇平季、淡季出行。

旺季：內地法定節假日期間、暑期 7 月 1 日至 8 月 31 日期間的週六及日。

平季：春節前後特定日期 1 月 31 日至 2 月 9 日，2 月 18 日至 2 月 25 日。除暑期（7 月 1 日至 8 月 31 日）、內地法定節假日放假調休期間以外的週六及日（旺季以外的週六及日）。暑期（7 月 1 日至 8 月 31 日）期間的週一至五，聖誕週（12 月 21 日至 12 月 29 日）。

淡季：除旺季、平季以外的日子

收費：場內分為娛雪、滑雪兩個區域。單純想玩雪不想滑雪，可單獨購買娛雪票。購買門票後進入閘機開始計時，如遊玩時間超出所購買的時間，需每半小時增加收費。

★具體收費方式及季度日期調整以店家公佈為準。

滑雪流程：門口兌換好滑雪卡 ➡ 櫃枱刷卡取雪具、雪衣 ➡ 更換衣物 ➡ 將個人物品儲存在 Locker 內（儲物櫃容量僅可容納一對鞋及一個背包）➡ 到櫃枱刷卡領取頭盔、滑雪板等 ➡ 戴好就可以進入雪場

越秀區

常來小聚

址 越秀區東山大街 50 號 2 樓

時 06:30~00:00

推 招牌豉油碌鵝

介 主打性價比高的粵菜連鎖餐廳，分店多，出品穩定，在附近的話可以試試。

風味館

址 越秀區越秀南路 161 號（芬蘭浴館斜對面）

時 06:30~00:00

推 牛三星湯、陳村粉

介 歷史悠久的街坊小店，需要自行取餐，不過味道不錯，是非常經典的風味。

容意發牛雜店

址 越秀區詩書路 56 號

時 08:00~22:00

推 牛羊雜湯、牛骨髓

介 眾多牛羊雜湯店中比較出名的一間，特別是能吃到少見的牛骨髓。

瑪啦啾

址 越秀區寶漢直街 44 號之二

時 13:00~23:00

推 瑪啦啾霜淇淋、奶皮子

介 新疆風味雪糕和手工乳酪，味道新奇好味，未試過的朋友可以試試。

蘇坦土耳其餐廳

址 越秀區環市東路 367 號白雲賓館（麗柏廣場與友誼商店夾角處）

時 10:00~00:00

推 各式餡餅、烤肉、米飯布丁

介 非常具有異國風情的餐廳，味道十分正宗，原味乳酪非常酸，要慎點。

薩蘭德 · 新疆清真美食

址 越秀區寶漢直街市人大住宅樓東側約 60 米

時 11:00~22:00

推 手抓飯、羊肉串

介 廣州比較熱門的新疆菜餐廳，近年也開了不少分店，可以就近選擇。另外寶漢直街附近是比較出名的新疆一條街，有非常多的新疆美食。

MADO

址 越秀區環市東路 363 號

時 09:00~01:00

推 土耳其傳統霜淇淋

介 雖然店家主打土耳其傳統雪糕，但也有簡餐和其他甜品可以選擇。

荔灣區

淩記

址 荔灣區泮塘路 13 號（仁威廟對面）

時 06:30~22:00

推 瀨粉、豬手粗麵、椰汁糕

介 距離荔灣湖公園非常近，以地道廣州小吃為主，十分推薦瀨粉和椰汁糕。

向群飯店

址 荔灣區龍津東路 853-857 號（近光復北路，回程在龍津東路巴士站後面）

時 11:00~14:00、17:00~21:00

推 招牌葱油雞、乾炒牛河、豉油王鵝腸

介 老字號粵菜餐館，全靠高質素的出品和高性價備受街坊追捧。新的粵・向群飯店分店更多，裝修較新潮。

堅記麵食店

址 荔灣區長壽東路 299-303 號

時 06:30~20:00

推 各種伊麵

介 主打伊麵的老字號麵店，雖然環境比較簡陋，但手工製作的伊麵一直得到食客的青睞，不少顧客還會購買伊麵回家自己煮。

雲騰砂鍋粥

址 荔灣區龍津東路 713-715 號

時 17:00~03:00

推 砂鍋粥、雲騰雞中翅、各式小炒

介 雖然主打砂鍋粥，但感覺跟潮汕砂鍋粥略有區別。出品都十分夠火候。不過餐廳人氣火旺，飯市時排隊的人十分多，建議於宵夜時段人較少的時候試試。

陳添記

址 荔灣區寶華路十五鋪三巷 2 號之二

時 10:00~22:00

推 涼拌魚皮

介 一家藏匿在巷子裏的老字號小店，最出名是鮮滑爽脆的涼拌魚皮，也曾是廣州的網紅美食，非常多遊客前來品嚐打卡。

海珠區

惠食佳

址 海珠區濱江西路 172 號

時 11:00~16:00、17:00~22:30

推 海鮮蠔烙、煲仔飯、各式啫啫煲

介 非常出名的啫啫煲餐廳，多次獲得米芝蓮一星推介，也是內地的黑珍珠餐廳，味道得到大眾認同，但價格上比其他啫啫煲餐廳略高。建議提前線上取號（大眾點評或美味不用等公眾號），以免久候。附近的啫八也是他們旗下的餐廳。

炳勝品味

址 海珠區東曉路 33 號

時 11:00~15:00、17:00~02:00

推 秘製黑叉燒

介 非常出名的粵菜餐廳，他們的燒味非常值得一試。旗下還有走年輕路線的餐廳「小炳勝」，菜式分量會精緻一些，價格也會低一點，還有主攻商務客的「炳勝公館」。

潮福餐館

址 海珠區上渡路雅樂街 40 號 4244 首層

時 11:00~14:00、17:00~21:30

推 蠔仔烙、生醃蝦

介 推薦給喜歡潮汕菜的朋友，他們的生醃菜放很多蒜頭，非常濃味，每到節假日都大排長龍。

天河區

大洋家 · 潮汕魚鮮 · 花椒砂鍋粥

址 天河區天河東路 59 號

時 11:00~14:00、17:00~21:30

推 生醃生蠔、生醃蝦、砂鍋粥

介 比起潮福的重口味，這家店的生醃菜沒那麼多蒜頭，相對容易接受，另有潮福沒有的生醃生蠔，好此味者可以一試。

著者
毛驢的貓

攝影
醬油樽

責任編輯
蘇慧怡

裝幀設計
鍾啟善

排版
辛紅梅

出版者
知出版社
香港北角英皇道 499 號北角工業大廈 20 樓
電話：2564 7511　傳真：2565 5539
電郵：info@wanlibk.com
網址：http://www.wanlibk.com
http://www.facebook.com/wanlibk

發行者
香港聯合書刊物流有限公司
香港荃灣德士古道 220-248 號荃灣工業中心 16 樓
電話：2150 2100　傳真：2407 3062
電郵：info@suplogistics.com.hk
網址：http://www.suplogistics.com.hk

承印者
美雅印刷製本有限公司
香港九龍觀塘榮業街 6 號海濱工業大廈 4 樓 A 室

出版日期
二〇二五年七月第一次印刷

規格
16 開（240 mm × 170 mm）

ISBN 978-962-14-7585-5